教育部人文社会科学研究一般项目"学术批评侵犯名誉权案判决标准研究"（17YJA820019）

学术批评侵犯名誉权案件裁判标准研究

——从名誉侵权的抗辩事由切入

骆正言　著

南京大学出版社

图书在版编目(CIP)数据

学术批评侵犯名誉权案件裁判标准研究：从名誉侵权的抗辩事由切入 / 骆正言著. —— 南京：南京大学出版社，2021.12

ISBN 978-7-305-25262-4

Ⅰ. ①学… Ⅱ. ①骆… Ⅲ. ①学术评议－名誉权－侵权行为－审判－标准－研究－中国 Ⅳ. ①D923.494

中国版本图书馆CIP数据核字(2021)第270378号

出版发行	南京大学出版社
社　　址	南京市汉口路22号　　邮编　210093
出 版 人	金鑫荣
书　　名	学术批评侵犯名誉权案件裁判标准研究 ——从名誉侵权的抗辩事由切入
著　　者	骆正言
责任编辑	陈　佳　　　　编辑热线　025-83592401
照　　排	南京南琳图文制作有限公司
印　　刷	南京人民印刷厂有限责任公司
开　　本	787×960　1/16　印张11.25　字数190千
版　　次	2021年12月第1版　2021年12月第1次印刷
ISBN	978-7-305-25262-4
定　　价	49.00元

网址：http://www.njupco.com
官方微博：http://weibo.com/njupco
官方微信号：njupress
销售咨询热线：(025) 83594756

* 版权所有，侵权必究
* 凡购买南大版图书，如有印装质量问题，请与所购图书销售部门联系调换本书受到教育部人文社会科学研究一般项目"学术批评侵犯名誉权案判决标准研究"(17YJA820019)、中国博士后科学基金第59批面上资助项目"自媒体时代公共评论中语言暴力的违法性研究"(2016M591867)、江苏省博士后科研资助计划项目"时事评论中语言暴力侵权裁判标准研究"(1601146C),以及江苏开放大学"江苏基层社会治理研究协同创新基地"和南京师范大学"中国法治现代化研究院"的资助,特此感谢!

目 录

引言:学术批评侵犯名誉权的案例 ………………………………… 1

第一章　名誉权的心理学和社会学基础 ………………………… 13
　　第一节　名誉权概念:外在名誉和内在名誉 ………………… 13
　　第二节　名誉权和人格权、人格尊严 ………………………… 14
　　第三节　名誉权和隐私权 ……………………………………… 17
　　第四节　名誉权保护的心理学和社会学意义 ………………… 19

第二章　死者的名誉权 …………………………………………… 24
　　第一节　死者的名誉权保护 …………………………………… 24
　　第二节　死者名誉权保护条款的体系化解释 ………………… 34

第三章　学术研究的自由及其价值 ……………………………… 38
　　第一节　名誉侵权抗辩事由的概念 …………………………… 39
　　第二节　学术研究的自由及其特殊意义 ……………………… 40
　　第三节　作为学术活动的历史研究的意义 …………………… 45
　　第四节　从德性伦理学看学术批评的价值与界限 …………… 50

第四章　名誉侵权的抗辩事由——正当权利的行使 …………… 57
　　第一节　美国法上名誉侵权的抗辩事由 ……………………… 57
　　第二节　英国法上名誉侵权的抗辩事由 ……………………… 66
　　第三节　日本法上名誉侵权的抗辩事由 ……………………… 82

第四节 德国法上名誉侵权的抗辩事由 …………………………… 92
第五节 我国名誉侵权法对抗辩事由的构建 …………………… 106

第五章 学术批评侵犯名誉权案的裁判标准 ……………………… 121
第一节 学术批评侵犯名誉权的裁判原则 ……………………… 121
第二节 学术批评侵犯外在名誉的裁判规则 …………………… 130
第三节 学术批评侵犯内在名誉(人格尊严)的裁判规则 ……… 142

第六章 学术批评侵犯名誉权案的责任承担 ……………………… 148
第一节 精神损害赔偿的金额 …………………………………… 148
第二节 赔礼道歉 ………………………………………………… 151
第三节 回应权制度(反驳权、答辩权) ………………………… 157
第四节 禁令制度 ………………………………………………… 160
第五节 更正和删除的义务(恢复原状) ………………………… 166

结　语 ……………………………………………………………… 169

后　记 ……………………………………………………………… 172

引言:学术批评侵犯名誉权的案例

名誉权是个人要求社会给予其恰当的评价和尊重的权利。学术批评则是学术研究过程中,研究者对作为研究对象的人、其他研究者以及他们的研究成果的批评。因为学术批评是学术研究必不可少的环节,受到宪法规定的学术自由的保护,所以当学术批评伤害到他人名誉权的时候,学术自由和名誉权就产生了冲突。

关于名誉权和学术自由发生冲突时如何协调,已有很多的立法、判例,学者们也进行了很多的研究,但这些立法、判例和研究,还有许多矛盾、缺漏之处,尚需进一步研究。在进入正题之前,需要声明的一点是,本书所说的名誉侵权,不包括商业机构的名誉(或称商誉),本书主要讨论的是学者发表学术观点时,可能伤害到被研究对象或者其他研究者的名誉的问题。

一、学术批评侵犯名誉权的相关立法

1. 名誉权立法

关于学术批评导致名誉侵权,可以用来作为裁判规则的,主要是民法上的一些规定。最早的规定是1987年施行的《民法通则》(已废止),该法第101条规定:"公民、法人享有名誉权,公民的人格尊严受法律保护,禁止用侮辱、诽谤等方式损害公民、法人的名誉。"该条将名誉侵权分成了两个部分:一个是侮辱,也即将他人贬低为非人、动物、物品;一个是诽谤,即通过给某人安插莫须有的罪名,以达到贬低此人的目的,比如说某人的生活不检点。

　　针对该条款的概括抽象、不够明确的问题,1993年《最高人民法院关于审理名誉权案件若干问题的解答》(已废止,以下简称《名誉权解答》)通过问答的形式作了解释。其中第7条规定:"问:侵害名誉权责任应如何认定?答:是否构成侵害名誉权的责任,应当根据受害人确有名誉被损害的事实、行为人行为违法、违法行为与损害后果之间有因果关系、行为人主观上有过错来认定。"第8条规定:"问:因撰写、发表批评文章引起的名誉权纠纷,应如何认定是否构成侵权? 答:因撰写、发表批评文章引起的名誉权纠纷,人民法院应根据不同情况处理:文章反映的问题基本真实,没有侮辱他人人格的内容的,不应认定为侵害他人名誉权。文章反映的问题虽基本属实,但有侮辱他人人格的内容,使他人名誉受到侵害的,应认定为侵害他人名誉权。文章的基本内容失实,使他人名誉受到损害的,应认定为侵害他人名誉权。"

　　对比后可以看出,《民法通则》将名誉侵权分为侮辱、诽谤两种情况,而《名誉权解答》在此基础上对名誉侵权作了细化。(1)关于侮辱,不管内容是否真实,只要有侮辱他人人格的内容,就算是侵犯名誉权。(2)大众媒体(比如网站、报纸)上的批评性文章,不要求全部真实,基本内容真实就不算是侵犯名誉权。(3)行为人需要主观上有过错,反过来说,如果行为人出于不可抗力、意外事故或第三人的原因,侵犯他人名誉,则不承担责任。(4)要存在损害名誉的事实、行为人违法的行为、违法行为与损害后果之间有因果关系。所谓违法,可以理解为,不是出于法律规定的正当理由,错误公开了他人信息,致使他人名誉受损。如果警察为了打击犯罪,在有相当根据的情况下,错误逮捕了犯罪嫌疑人,公开了该人的姓名、肖像等,就不算是违法行为。

　　《名誉权解答》的这两个条款对《民法通则》规定的侵犯他人名誉权的两种情况——侮辱和诽谤,作了详细的界定,排除了一些侵权行为,比如无过错的侵权行为、次要事实不真实的侵权行为以及出于正当理由的侵权。这样的细化工作,在2021年实施的《民法典》中也有了进一步的体现。

　　《民法典》第1024条规定:"民事主体享有名誉权。任何组织或者个人不得以侮辱、诽谤等方式侵害他人的名誉权。名誉是对民事主体的品德、声望、才能、信用等的社会评价。"这一条款把"人格尊严"从《民法通则》的名誉权条款中删去,而把它放到人格权的一般规定中,也就是《民法典》第990条的规定:"人格权是民事主体享有的生命权、身体权、健康权、姓名权、名称权、肖像权、名誉权、荣誉权、隐私权等权利。除前款规定的人格权外,自然人享有基于人身自由、人格尊严产生的其他人格权益。"

在笔者看来,这是对"人格尊严"的地位作了进一步的提升,对此后文还会详细分析。这一条中的人格尊严和人身自由并列,成了名誉权的上位概念,是一个更加抽象的权利概念。不过在笔者看来,这一条文的变化,并不影响对名誉权概念的界定,名誉侵权行为仍然可以包括两个方面,即侮辱和诽谤。

影响名誉权定性的条款是《民法典》第1025条和1026条。第1025条规定:"行为人为公共利益实施新闻报道、舆论监督等行为,影响他人名誉的,不承担民事责任,但是有下列情形之一的除外:(一)捏造、歪曲事实;(二)对他人提供的严重失实内容未尽到合理核实义务;(三)使用侮辱性言辞等贬损他人名誉。"

这一条规定和上述《名誉权解答》有许多类似之处。比如:(1)把"为公共利益实施新闻报道、舆论监督等行为",作为名誉侵权的抗辩事由(也即对抗名誉侵权的事由)。注意这里的"等",意味着不仅仅是新闻报道、舆论监督,本书所说的学术研究也应该作为名誉侵权的一个抗辩事由。除此之外,为了其他公共利益,也可以作为名誉侵权的抗辩事由。(2)"对他人提供的严重失实内容未尽到合理核实义务"的规定,也是将轻微的内容失实,也即《名誉权解答》中的次要事实不真实,排除在名誉侵权之列。

《民法典》与《名誉权解答》有所不同的是以下两点:(1)《民法典》将主观过错作为是否侵犯名誉权的重要因素,比如"捏造、歪曲事实"相当于故意作出虚假陈述,再比如"对他人提供的严重失实内容未尽到合理核实义务"则是指过失作出虚假陈述。(2)《民法典》第1025条"使用侮辱性言辞等贬损他人名誉"中的"等",将其他非言辞的侮辱性的行为也包括在名誉侵权的行为之中。至于什么才算"未尽到合理审查义务",要看《民法典》第1026条的规定。第1026条规定:"认定行为人是否尽到前条第二项规定的合理核实义务,应当考虑下列因素:(一)内容来源的可信度;(二)对明显可能引发争议的内容是否进行了必要的调查;(三)内容的时限性;(四)内容与公序良俗的关联性;(五)受害人名誉受贬损的可能性;(六)核实能力和核实成本。"这一条规定很复杂,笔者试着将它们简化一下,可以作以下几点来理解:(1)关于侮辱性言辞,该条款和上述《名誉权解答》比没有什么变化。这一条主要是针对诽谤性的言论的,也就是对不实言论所作的规定。(2)如果所说的内容不真实,也不一定就是名誉侵权,还要看行为人是不是故意捏造、歪曲事实。(3)如果行为人没有捏造、歪曲事实,还要看行为人有没有履行合理审查的义务。对于这一点主要要考虑的因素有以下几点:① 信息是否来自权威机关(来源可信度),比如《人民日报》或者中央国家机关等。② 行为人的核实能力和核实成本如何?核实能力越弱,核实成本越高,就越不应该认定为名誉侵权。③ 内容是否紧急,是否和公序良俗关系密切,是否需要及时发表?如果某项信息和公共利益、善良风俗有紧密的联系,就需要及时发表出来。④ 内容是否可能引发争议、受害人名誉是否容易受到贬损。如果一个事实不会伤害到他人的名誉,那么发表言论者即便没有核实,也不算是名誉侵权。⑤ 在判断行为人是否进行必要的调查时,其他需要考虑的因素。

2. 死者名誉权保护的立法

以上是民法针对名誉侵权作出的规定,是对一般人名誉权的保护。在名誉权保护上,还有一个特殊主体——死者的名誉权保护问题。对于死者的名誉权保护,一开始在立法上,比如在《民法通则》中,并没有具体的规定,但是因为出现了几个侵犯死者名誉权的案件,最高人民法院在答复地方法院的意见中从司法层面确立了死者的名誉权。

第一个肯定死者名誉权保护的文件是《最高人民法院关于死亡人的名誉权应受法律保护的函》(1989年),它是最高人民法院针对民国时期著名相声演员荷花女名誉侵权案所作的批复。荷花女原名吉文贞,1926年出生,六岁就登台献艺,她嗓音细腻,台风优美,说唱俱佳,声情并茂,十几岁便成为当时最红的相声演员,但因身体不好,十八岁就英年早逝。1985年,某作家以吉文贞为原型创作小说,虚构了吉文贞生活作风不良、道德品质不佳的情节,引起当时还在世的吉文贞的母亲对该作家提起的名誉侵权诉讼。案件受诉法院无法确定死者名誉权是否应受保护,便向最高人民法院提请批示,最高人民法院的意见认为,公民死亡后,其名誉权应依法保护,其近亲属有权提出名誉侵权诉讼。

第二个肯定死者名誉权保护的文件是《最高人民法院关于范应莲诉敬永祥等侵害海灯法师名誉权一案有关诉讼程序问题的复函》,它是最高人民法院针对民国时期著名佛学大师、武林高僧"海灯法师"名誉侵权诉讼作出的批复。海灯法师是民国时期著名的佛学大师和武林高僧,他品行高洁,在新中国成立后任全国政协委员。但是"海灯法师"于20世纪80年代去世后不久,就有人写文章说"海灯法师是个大骗子",其武功绝学"二指禅"是假的,文章被多家报纸转载,海灯法师的弟子兼养子范应莲向法院起诉。成都市中级人民法院鉴于案件重大,拿不准应由哪一级法院审理,于是向最高人民法院请示,最高人民法院的意见是,此案可由成都市中级人民法院管辖,海灯法师死亡后,其名誉权应受保护,作为其养子的范应莲有权提起诉讼。

在这两个批复的基础上,《最高人民法院关于审理名誉权案件若干问题的解答》(已废止)中正式规定了死者的名誉权,该解释第5条规定:"死者名誉受到损害的,其近亲属有权向人民法院起诉。近亲属包括:配偶、父母、子女、兄弟姐妹、祖父母、外祖父母、孙子女、外孙子女。"

再后来2001年《最高人民法院关于确定民事侵权精神损害赔偿责任若干问题的解释》(2020年已修订)第3条规定:"自然人死亡后,其近亲属因下列侵权行为遭受精神痛苦,向人民法院起诉请求赔偿精神损害的,人民法院应当依法予以受理:(一)以侮辱、诽谤、贬损、丑化或者违反社会公共利益、社会公德的其他方式,侵害死者姓名、肖像、名誉、荣誉……"①这里的近亲属的范围,可参考《名誉权解答》。

3. 名誉权(特别是死者)立法尚需解决的问题

以上是关于名誉权、死者名誉权的法律规定。从表面来看,这些规定已经很清楚明了,但是如果我们深入现实的案例中,就会看到仍有许多问题需

---

① 该条第一款是针对名誉权的,后面两款是针对死者的隐私权和其他人格权的保护的:"(二)非法披露、利用死者隐私,或者以违反社会公共利益、社会公德的其他方式侵害死者隐私;(三)非法利用、损害遗体、遗骨,或者以违反社会公共利益、社会公德的其他方式侵害遗体、遗骨。"

要进一步明确。

首先,以上立法已经对名誉权作了明确的解释,名誉权是禁止人们侮辱和诽谤他人。可是有时候为了舆论批评、学术探讨,我们必须对某个人或某个事作出评论,如果这种评论伤害了他人的感情,比如骂人是"禽兽",算不算名誉侵权呢?还有上述法律规定,侵犯他人名誉权需要证明行为人存在恶意,那什么情况是恶意呢?与之相反的善意又是什么情况呢?

其次,如果我们为了新闻报道,为了学术探讨,陈述了当时以为是事实,后来被证明是不实的消息,是不是也应该作为名誉侵权呢?立法上说主要内容真实,次要内容不真实,不算是名誉侵权,可是这么规定的理由是什么呢?为什么有些事实可以不真实呢?立法上又说如果信息发布人履行了合理的核实义务,比如消息来源权威、核实能力不足、核实成本较高、内容非常紧急、和公共利益紧密相关或者不容易产生名誉纠纷等,就不算是名誉侵权,可是什么样的消息算是权威消息呢?核实能力不足、核实成本较高为什么可以作为侵犯他人名誉的理由呢?内容非常紧急,关系到公共利益属于什么情况呢?对这些问题也需要继续研究。

最后,关于死者的权利,我们还要问的是,为什么要保护死者的名誉?人已经死了,已经没有权利能力了,其权利还应该继续保护吗?法律规定由死者的近亲属提出死者名誉权保护的诉讼,这是在保护死者的名誉权还是生者的名誉权呢?

以上这些问题是立法中没有明确解释的,还需要从法理上加以说明。如果不能解释清楚,对许多实际生活中的案例,就难以作出恰当的判决。

下面我们就来看几个学术批评导致名誉受损的案例,法院是如何进行的判决,这些判决又存在哪些不足。

二、学术批评侵犯名誉权的相关案例

关于学术批评引发的名誉侵权诉讼,笔者在北大法宝上,以"名誉权"和"学术自由"两个关键词,进行全文搜索,可以被搜索到的,总共有 24 个案件。再以"名誉权"和"学术批评"两个关键词进行全文搜索,共搜索到案件

54个。下面介绍一个典型案例"范某诉郭某某名誉侵权案"。

范某是中国著名国画家,郭某某则是一名文艺评论家。郭某某在中国某知名报纸上,发表文章称画家范某"流水线"作画,"才能平平""逞能""炫才露己""虚伪""装腔作势",受到范某提起的名誉侵权诉讼,报纸方也因未能"严格审核"该文而受到起诉。

双方对"流水线作画"等问题争议不大,主要争议在于原告认为即便评论的内容是真实的,也不能随意贬损他人的人格,不能使用"虚伪""装腔作势"等词语。被告郭某某认为,文艺评论必须是自由的,评论家可以自由地对艺术家的水平作褒贬评价。被告报纸一方认为自己尽到了对事实的严格审查义务,报纸方曾与被告郭某某核实,郭某某指出,"流水线"作画是其亲眼看见,并有证人作证。此外,对于激烈性的词语,报纸方也进行了修正,刊载出来的文章,并没有侮辱、泄露隐私的内容,文章对绘画的评价,纯粹是艺术观点。

法院审查了上述原被告的观点,判决认为:(1)郭某某撰文评论艺术界存在的一些弊端,呼吁"艺术家把主要精力放到作品创造中",倡导真诚负责任的艺术精神值得肯定。(2)评论者在涉及对作者的评价时,应把握善意、理性、客观的原则,不可借评价之名,贬损、侮辱作者人格。郭某某在文中使用"逞能""炫才露己""虚伪"等语言,与文章所谈论的基本事实并无直接、必然联系,已超出了合理的限度。(3)报纸方对文章的审查不存在过错,不应该承担名誉侵权的责任,因为我们不宜苛求报纸出版单位把握司法裁判尺度,要求它们对文章是否侵权进行司法审查。

本案是学术评论侵犯他人名誉的案件。本案判决详尽深入,但仍有一些可以推进的地方:第一,意见发表和事实陈述的区别在哪儿?第二,正当评论和侮辱谩骂有何区别?评论的自由限度在哪里?第三,报纸杂志一方有什么样的责任?他们在什么情况下,构成侵权?这些问题需要进一步探讨。

三、学术界对学术批评侵犯名誉权案的相关研究

关于学术批评侵犯公民名誉权的问题,学术界的专门讨论不多,比较多

的研究针对的是学术自由。比如在学术自由的研究中,一般认为学术自由和科学研究自由的含义相同,但区别于言论自由和文学艺术创作自由,也区别于要求国家提供教育和文化设施的文化权利。① 学术自由包括研究自由、表达自由和教学自由三个部分,②学术自由具有认识世界、探寻真理、满足人的好奇心的作用,值得专门予以保障。③ 学术自由属于宪法权利,我国宪法也保障学术自由。④ 主流观点还认为学术自由既是一种消极的权利(negative right,也可以翻译为"负的权利"或"不用特别做某事的权利"),要求国家不随意限制这种权利,在这一点上国家不需要做什么,只需要不做什么;又是一种积极的权利(positive right,也可以翻译为"正的权利"或"需要特别做某事的权利"),要求国家积极做什么行为的权利,比如说为科学研究提供资金上的扶持,国家要积极地付出。⑤ 学术自由受到的限制有内在限制和外在限制。内在限制是指学术自由不能伤害他人的权利,比如不能通过学术研究伤害人的尊严;外在限制则是运用公共利益,比如经济发展、社会进步、国家稳定,来限制学术自由。⑥

这是与本书议题相关的一方面的研究,与本书议题相关的另一方面的研究是关于名誉权的,特别是关于言论自由和名誉权的冲突的。关于如何解决言论自由与名誉权的冲突,学界一般分为两派。其中一派学者,比如林来梵教授、杨立新教授等,比较注重言论自由。⑦ 这派学者多援引美国法作

---

① 参见王德志:《论我国学术自由的宪法基础》,《中国法学》2012年第5期。
② 参见谢海定:《作为法律权利的学术自由权》,《中国法学》2005年第6期;何生根、周慧:《论学术自由权的保障与救济》,《法制与社会发展》2005年第2期;许崇德、曾宪义主编:《宪法》,中国人民大学出版社2014年版,第161页;等等。
③ 参见刘亚敏:《论学术自由的人本价值》,《教育研究》2014年第2期。
④ 参见王德志:《论我国学术自由的宪法基础》,《中国法学》2012年第5期;湛中乐、黄宇骁:《再论学术自由:规范依据、消极权利与积极义务》,《法制与社会发展》2017年第4期。
⑤ 参见湛中乐、黄宇骁:《再论学术自由:规范依据、消极权利与积极义务》,《法制与社会发展》2017年第4期。
⑥ 参见湛中乐、黄宇骁:《再论学术自由:规范依据、消极权利与积极义务》,《法制与社会发展》2017年第4期。
⑦ 参见林来梵:《从宪法规范到规范宪法:规范宪法学的一种前言》,法律出版社2001年版,第175—176页;杨立新:《人格权法》,法律出版社2011年版,第222—243页。

为论证依据。美国法上在处理言论侵权案例时,更倾向于对言论自由进行优先保护。比如根据美国宪法上的"实质恶意"原则,在对公共事件或公众人物进行评价时,即便人们发表了不符合事实的言论,但如果他不是明知所说的内容缺乏依据,或者不是完全不在乎言论真实性,就不算侵害他人的名誉权。后文将会分析,实质恶意原则相当于故意责任原则,明知所说的内容是虚假的在主观上属于直接故意,对言论是否虚假完全不在意属于间接故意。另外,如果评论所依据的事实没有问题,即便评论用词有些过激和辛辣,也不承担名誉侵权的责任。这派学者认为这些原则可以运用在我国媒体侵犯名誉权的案件当中。[①]

而另一派学者,则比较关注对名誉权的保护,认为对个人的评价要守着一定的底线,即便所说的事情确实存在,也不能侮辱他人人格。[②] 这派学者一般认为,"实质恶意"原则不适合中国,我国媒体法或者名誉权法,应该同等看待言论自由和名誉权,甚至更优先保护名誉权。持这种观点的学者,经常会举出日本法作为论证的依据,日本法在针对言论发表伤害他人名誉权时,采取的不是"实质恶意原则",而是"相当性原则"。相当性原则意味着,如果行为人说的话是不真实的,那么行为人就要像美国法要求的那样,证明自己不是故意的,也不是毫不在意的,还要证明自己做出过一定程度的核实,有相当的依据,只有这样那么他才不需要承担名誉侵权责任。日本法上的"相当性原则",其实是一种过失原则或者说过错原则,它要求发言人对于发表不实言论这件事,既没有故意,也没有过失,而是已经进行了一定的调查和核实,没有发现问题,并且该言论必须立即发布出来。在这种情况下,即便发布的言论是错误的,也不立即作为名誉侵权看待。这就是"相当性原则"。

以上是对言论中涉及事实的部分进行的判断,而对于在事实基础上进行的意见表达,日本法也禁止不必要的侮辱、谩骂言论,行为人可以批评他人,评价他人,言词也可以比较激烈,但不能将他人贬低为非人。

---

① 参见李迎春:《司法与传媒关系临界点:采访权的法理及其实践》,中国民主法制出版社,2017年版,第185页。
② 参见王利明:《人格权法中的人格尊严价值及其实现》,《清华法学》2013年第5期。

德国法也与日本法相似。德国法将侵权言论区分为事实描述与价值判断(Tatsaschenbehauptungen und Werturteile)。一方面,如果名誉侵权者不是故意发布虚假消息,[1]也不是随意发布虚假消息,[2]而是有一定的根据发布了虚假信息,就不算是名誉侵权。另一方面,行为人根据事实对公共问题进行价值判断,即使言词有些过激,除非使用侮辱谩骂、贬低人格的词语,也属于正当言论。如果没有任何事实根据进行侮辱谩骂,如称某人"傻子""蠢货"或"胆小鬼",则应视为侵犯名誉权(名誉情感)。[3]

按照优先保护名誉权这一派的观点,我们在解释《民法典》的名誉权条款时,不能挪用美国法上的"实质恶意"原则,而应该坚持以往的"主要内容真实"的原则。[4] 这派学者中也有一些稍微折中的观点,认为对官员的名誉侵权案件可以适用实质恶意原则,而对私人涉及公共事务的名誉侵权案件,则应该使用过失责任原则。[5]

不过这些研究仍有待深入探索。第一,名誉权的哲学基础是什么?除了人权的原理,从社会学、心理学上看,它是否还有其他的作用?第二,关于名誉的历史发展,也缺乏比较有说服力的解释。比如古代社会早有名誉权保护,但这些保护主要是针对特殊人群的特殊尊重,而现代社会的名誉权,已经转变为对每个人的保护,问题是古代的名誉权和现代社会的名誉权,有什么重要的关联和区别?第三,日本和美国名誉权理论仍存在很大差异,没有形成一个统一的标准。我国学术界对二者谁优谁劣,应该更重视名誉权还是更重视言论自由,仍需作出自己的判断。第四,如前所述,学术自由与言论自由还存在许多不同之处,我们还不能将言论自由的原理直接套用在

---

[1] Kirsten Lehnig, Der verfassungsrechtliche Schutz der Würde des Menschen in Deutschland und in den USA, LIT, 2003, S. 266.

[2] Edward J. Eberle, *Dignity and Liberty: Constitutional Visions in Germany and the United States*, Praeger Publishers, 2001, p. 239.

[3] Horst Ehmann, Zur Struktur des Allegmeinen Persönlichkeitrechts, JuS 1997, 193 ff.

[4] 参见张红:《事实陈述、意见表达与公益性言论保护——最高法院1993年〈名誉权问题解答〉第8条之检讨》,《法律科学》2010年第3期。

[5] 参见刘浩、王锴:《网络谣言的宪法规制》,《首都师范大学学报(社会科学版)》2015年第5期。

学术自由和名誉权冲突的解决上,所以在学术自由(特别是学术观点的发表自由)和公民名誉权产生冲突的时候,如何协调,仍需要深入思考。第五,学术批评活动受学术自由的保护,这是名誉侵权的一个重要的抗辩事由,但在学术批评活动中还会不会存在其他重要的利益需要保护,也该作为名誉侵权的抗辩事由呢?这一点也需要研究。第六,学术批评侵犯名誉权案件中有哪些救济方式可以使用,这些救济方式对于学术批评侵犯名誉权案的判决有什么影响,这些也需要研究。

下面再说说学术自由和死者名誉权的相关研究,看看还有哪些方面有突破的必要和可能。关于死者的名誉权,许多学者和法院的看法一样,认为我国立法上对死者名誉权的保护,实际上保护的是近亲属的名誉权,而不是死者本人的名誉权,这就是所谓的"间接保护说"。① 根据这个观点,如果近亲属也不在了,那么死者的名誉权则不需要保护了。

但也有另一派学者认为,《民法总则》对死者名誉权的保护,已经突破了死者名誉权的"间接保护说",而采取了"直接保护说"。这派观点认为,死者名誉权保护立法,保护的是死者本人的尊严,每个人都应该期待自己死后,其人格和尊严仍然受到在世人的尊重。

除此之外的第三派观点采取折中的态度,认为死者名誉权保护的确是死者本人的权利,但是如果死者过世以后,没有人代为主张权利,那么他的名誉权就不再受到保护,就如同动物的权利、未来人类的权利一样,因为无人代为主张,其权利也就只能作为其他人的道德义务,不具有可操作性。

那么这三种观点哪一种更对呢?如果有一种更对,理由是什么?比如死者名誉权保护的基础和目的是什么?保护死者的名誉权对在世的人的言论自由和人格尊严有哪些影响?其中的利弊得失如何衡量?这些问题也需要进一步研究。

本书首先要谈的是,学术研究的自由和公民的名誉权,有没有一个优先保护次序?二者各有什么重要的意义?能否为了学术自由的发展,允许学者对他人展开无限制的研究?或者反过来,该不该为了他人的名誉,而限制

---

① 参见张善斌:《死者人格利益保护的理论基础和立法选择》,《江汉论坛》2016年第12期。

学者的研究自由?

本书其次要谈的是,当学术自由与名誉权两方面权利都很重要时,我们怎样协调二者的关系?有哪些成熟的方法?我们会看看各个国家在类似问题的解决方面有些什么经验。

本书再次要讨论的是,不同国家在处理学术自由和当事人名誉权之间的冲突时,一般采用什么原则,设计什么样的裁判规则,比如为名誉权设置哪些抗辩事由,为名誉权设置哪些侵权责任,让类似案件的裁判更加规则化。

本书最后根据讨论出的原则和规则,给出立法和法律解释的建议,并尝试分析目前学术批评侵犯名誉权的典型案件。

第一章　名誉权的心理学和社会学基础

第一节　名誉权概念：外在名誉和内在名誉

学术研究（包括历史研究）会伤害个人的名誉权，这是显而易见的。因为研究的对象就是人，解释人的各种行为，希望通过了解人的行为及其行为结果，得出社会管理的规律，以作为社会管理的借鉴。既然以记录人和人的行为为主要内容，那么它对人的名誉，即便是已经过世的人的名誉，所造成的威胁就很大。

关于名誉和名誉权，已有许多学者作过界定，多数学者将其界定为社会对一个人的外在评价。但是这种认识是不完整的，因为从源头上来讲，名誉权实际上指的是一个人受到他人尊重的权利，类似于"尊严"。在德国法上，名誉权是个人在言语上被他人尊重，不被他人任意评价的权利。[①]"名誉"一词的德文"Ehre"，从词典上的解释来看，是指人们基于某种"可见的"或者"当然的"价值而获得的"尊重"。这里需要注意几点：名誉首先是一种尊重，要求人们在评价他人时基于足够的尊重；其次这种尊重是基于"可见的"或者"当然的"价值而产生的。

所谓"可见的"价值是指一个人的社会价值，也即对社会、对他人的贡献。而"当然的"价值是指一个人作为"人"，而不是物品、动植物，本身所具

[①] 参见张红：《〈民法典各分编（草案）〉人格权编评析》，《法学评论》2019年第1期。

有的价值,它是任何人都有的价值。所以有德国学者认为当一个人被侮辱、被蔑视、被贬低时,或者一个人被认为具有某种应被谴责的特性时,他的名誉就被损害了。

名誉在法学上又被分为外在名誉和内在名誉。① "外在名誉"的德文是"äußere Ehre",是指他人或社会对一个人的评价;而"内在名誉"的德文是"innere Ehre",是指一个人自己对自己的评价。"内在名誉"也称名誉感(Ehrgefühl),也有学者称其为尊严感、自尊心、自尊(Selbstachtung)或者自我价值感(Selbstwertgefühl)。② 一般来说,外在名誉和内在名誉是同步的,外在评价越高,自我评价就越高;也有不同的时候,有时候一个人的外在评价高,内在评价却很低,有时候一个人的外在评价低,自我感觉却很良好。

第二节　名誉权和人格权、人格尊严

要想从源头上理解名誉权,必须要结合"人格尊严"和"人格权"来说明。人格尊严的理论最初来自德国法(特别是德国宪法),学界一般认为人格尊严是每个人作为人应该得到的基本尊重。所谓最基本,就是最基础、必不可少、不能再低。按照德国宪法学家杜立希(Günter Dürig)于20世纪50年代提出的"客体公式","如果个人成为客体,成为手段,则构成了对人的尊严的

---

① 根据这种分类,笔者认为荣誉权其实可以作为名誉权的一个方面,是个人作出特殊贡献所获得的评价,也有学者持此看法,而且大多数国家或者地区的民法典均不将荣誉权列为独立于名誉权的民事权利。参见温世扬:《论"标表型人格权"》,《政治与法律》2014年第4期;张新宝:《我国人格权立法:体系、边界和保护》,《法商研究》2012年第1期。但大部分学者还是认为保留荣誉权在《民法典》中,将其独立出来有特别的价值。参见张红:《〈民法典各分编(草案)〉人格权编评析》,《法学评论》2019年第1期;王叶刚:《民法典人格权编的规则设计》,《政治与法律》2017年第8期。但不管怎样,名誉权的外延和荣誉权存在重叠的地方,将荣誉权作为名誉权的一个方面,也是可以接受的。

② 根据这种分类,我们可以看出有些学者将名誉分为外部的名誉、内部名誉和名誉感是有问题的,因为后两者是同一个事物。参见蔡曦蕾:《论毁誉犯罪的特殊对象——从死者和官员名誉保护视角的分析》,《环球法律评论》2016年第3期。

侵犯"①。

说到人格尊严的价值，也即为什么要尊重每个人的尊严，把每个人当人来看，学术上有许多看法。简单举例来说，霍布斯认为，如果我们不尊重别人的权利，不约束自己的行为，不制定法律的约定，就不会有和平和安宁，"人与人就像狼一样"。

当代德国法哲学家阿列克西的观点也很有说服力，他利用法律论证的理论来证明保护人格尊严的重要性，从两个方面说明这个问题：第一是从论证一个法律是正当的、符合正义的角度出发，来证明尊重每个人的尊严，把每个人当人看的必要性。这种论证的模式不同于古希腊时期的亚里士多德的观点，亚里士多德是将法律的正当性建立在符合上帝的意志，符合自然的规律（自然法）的基础上。② 阿列克西认为，要向他人证明这个法律制度是正当的，就必须承认每个人都是有价值的，都是值得尊重的。如果你说某人是"弱智"的，是不符合一个正常人的标准的，那么我们就不需要向他论证这个法律制度的正当性。总之，如果我们要向他人论证法律制度的正当性，我们就必须承认他人的尊严和权利，否则我们无法论证。这一点也可以用语言学上格莱斯的"合作原则"来说明，因为我们人类在交流的时候，都会相互合作、相互回应，否则我们就很难交流，比如有人问你吃了没有，你肯定要回答吃了或者没吃，你一定会向对方提供足够的信息。语言学上的这一规律，为我们提供了证明法律规则是否正当的依据。语言的规则和社会的规则以及法律规则是一样的，有了规则人们才能交流、才能合作。

第二是从结果的角度来说明尊重他人权利和尊严的必要性，如果不能说服他人法律是正当的，结果会很糟糕。如果立法者对法律的正当性不加以说明，而只要求他人服从，这种做法是难以令人遵行的。也就是说，你无法完全不讲道理，只是独断专行，如果这样，那么大家很难理解这些规则的意思，也很难服从命令。从心理学上说，不给人自决权，规则是很难被遵守的，因为人类天生有一种自由意志，人类的行为并不总是按照别人的意图来

---

① 参见谢立斌：《中德比较宪法视野下的人格尊严——兼与林来梵教授商榷》，《政法论坛》2010年第4期。

② Robert Alexy, "Discourse Theory and Human Rights," *Ratio Juris* 9, 1996.

实施的,所以如果让人觉得自己的行为是别人命令的,那么他就不可能好好地实施这个行为。不加说服地完全靠强迫维持的社会,是难以存在的。所以阿列克西说:"作为一个暂定的结论,我们可以说承认每个人的自主权(自由权、自我决定权),可以从两个方面加以证明:第一,所有真诚地、严肃地与别人展开对话的人必须假定这种自主权,以这种自主权作为前提;第二,即便对人与人之间的对话不感兴趣,他希望强迫他人遵循某种命令,至少也会在对话中,假装接受自主的原则,因为这样做有利于他个人的长远利益。"①

说完人格尊严的价值,我们再说说人格尊严在法律体系中的地位,笔者在前些年的一篇文章中借用德国学者杜立希的三层级理论,认为基本权利可分为三个层级。第一层级是人格尊严,是所有宪法权利的基础,其他宪法权利都可以从人格尊严中推导出来。第二层级是一般平等权和一般自由权,是由人格尊严具体演化而成,一般平等权又可以分为性别平等、种族平等、出身平等等。一般自由权也可分为一般行为自由和一般人格权。前者是外在行为的自由,包括言论自由、出版自由、迁徙自由等等;后者则是内在生活状态的自由,包括姓名权、肖像权、名誉权、隐私权等。第三层级是具体平等权和具体自由权。②

从上面的分析可以看出,人格尊严具有概括、抽象的特征,但人格尊严也可以作为具体的宪法权利发挥作用,特别在缺乏宪法权利作为权利保护依据的情况下。这时候人格尊严是作为未列举的权利参与到个人权利保护中的,举例来说,在德国,当人们要求国家为个人提供基本生活保障时,③或者反对国家滥用酷刑时,④或者要求社会不歧视某些特定的人群时,⑤都会以人格尊严受保护作为论证理由。

人格尊严使用最多的情形是人格权保护,德国民事法院经常将宪法上

---

① Robert Alexy, "Discourse Theory and Human Rights," *Ratio Juris* 9, 1996.
② 参见林来梵、骆正言:《宪法上的人格权》,《法学家》2008年第4期。
③ G. Dürig, in: Maunz/Dürig, GG, Art. 1 Abs. 1 Rn. 43.
④ K. Stern, in: Stern/Sachs/Dietlein, Das Staatsrecht der Bundesrepublick Deutschland Bd. Ⅳ/1, §97 Ⅱ 4 S.23ff.
⑤ BVerfGE 82, 126 (146); 84, 133(157); 84, 197 (199); 87, 1 (36); 88, 5 (12); 95, 39 (45); 102, 41(54).

的人格尊严和人格自由发展权条款结合起来,发展出一般人格权概念,来保护法律上没有明文规定的权利,如个人的姓名、隐私、名誉等权利。① 这么做是因为德国民法典中并没有明确规定隐私权、名誉权等的人格权条款。

如上所述,实际上在德国,人格权是一种涉及个人生活状态,比如肖像、语言、名誉、私生活等方面的自我决定权,一种不受他人干涉的权利,名誉权只是其中的一个部分。它是公民要求他人实事求是地评价自己以及给自己最基本的尊重的权利。②

第三节　名誉权和隐私权

笔者认为隐私权和名誉权在个人身上是相互排斥的,二者不能兼容,或者说,隐私权和名誉权保护的对象是一样的,都是个人生活不被揭露或者不被错误揭露的权利。

假如一个普通人,我们揭示他的年龄、性别、出生地、祖父母、外祖父母、恋爱史,这侵犯了他的隐私。但如果他成为公众人物(明星和官员)或者卷入公共事件中,或者他在应聘一个岗位,企业要了解个人情况,③或者作为犯罪事件中的侵害人或者受害人,媒体对他的年龄、性别、出生地等情况的揭露,就不构成对隐私的侵犯了。当然,如果这种信息的揭露存在虚假,或者没给他最低的尊重,比如公开其裸体的照片,就会构成名誉权侵犯。在这里要注意区别的是公众人物和公共事件中的人物。

---

① BGHZ 13, 334 (337f.); 73, 120 (122); 74, 25 (34); 80, 218 (220); 92, 213 (219); BVerfGE 27, 1(6); 34, 269 (282); 54, 148 (153); 99, 185 (193); 101, 361 (379f.).

② 骆正言:《〈民法典草案〉人格权编的宪法学省思》,《浙江社会科学》2020 年第 2 期。

③ 比如在日本有一个劳动法案例,某企业的一名员工,晚上没有加夜班,他去和女朋友约会了。老板让他写情况说明,他拒绝书写,便遭到开除。这其实就是对员工隐私权的侵犯:第一,企业对员工的处罚,按照劳动法原理,可以有警告、记过、记大过、扣工资奖金、留用察看、劝退、辞退、解聘等,并没有写悔过书或者情况说明的规定;第二,这里情况说明的意思是要求员工交代私生活信息,是对个人的隐私甚至个人思想的探寻。

"公众人物"分两种类型——绝对公众人物和相对公众人物。绝对公众人物是指在社会上有"一定知名度"的公众人物,是被公众所知的人物。没有一定的知名度,不可能成为公众人物。在多大范围内为公众所知,应依时间、环境等因素,结合具体的案件来认定。不局限于为全国人民所知晓,在某一地域范围内有名声的人,也可以成为公众人物;知名度不限于好名声,坏名声也不影响其成为公众人物。知名度的认定应采客观标准,以一般人的通常认识来判断。

相对公众人物是指"自愿进入"公众视野的人物。所谓公共视野,包括体育界、演艺界、新闻媒体等以追求公众注意,并能够从公众注意中获得利益的行业。主动追求成为公众人物,自愿进入公众视野就可以被认定为公众人物。另外,虽非进入上述领域,但主动地投入公共争议,并意图影响公共意见,以及主动通过其他途径吸引公众的注意,都可以认为是进入公众视野。这类人物也是公众人物。

而公共事件中的人物是指对公众生活有影响的重要事件(如交通事故、食品安全)中的人物,如肇事人、受害人。我们允许对这些事件报道时,适度涉及这些人的私人生活,只要报道属实,就不算是名誉侵权。因为这些人物和事件对大众的生活影响很大,如果是娱乐明星,大家可能会受他们行为影响。如果是官员,他们的一举一动,都可能成为公共决策,影响到每个人的生活。但即使是公众人物和公共事件中的人物,我们也要给他们最低的尊重——不虚假报道、不过度贬低。

总体而言,对隐私权和名誉权,要注意四点。第一,在个人行为不涉及公共利益的情况下,这些行为是个人的隐私,其他人不能揭露,哪怕是个人的一些不道德行为,比如私生活不检点。第二,对于个人的隐私,其他人不能捕风捉影,随意捏造,这种不符合事实的报道,既是对个人隐私的伤害,也是对个人名誉的破坏,二者都可以作为诉讼的依据。第三,在个人行为涉及公共利益的情况下,其他人就可以对这种情况进行报道,只要报道的内容属实,就不算是侵害他人的名誉权,也不算侵害他人的隐私权。第四,在对涉及公共利益的行为进行报道时,即便有些报道失实,但只有存在一定的依据,进行过一定程度的核实,也不算是名誉侵权。

第四节　名誉权保护的心理学和社会学意义

关于我们为什么要保护每个人的名誉,一般理论认为这是尊严和自由的表现。自由意味着我们在不伤害他人的情况下,有做任何事情的自由,其他人不能随意干涉,也不能随意评价;即使我们的行为,可能伤害到他人,或影响到他人,他人对我们的评价也要实事求是,不能伪造,作不公正的评价。尊严意味着我们作为一个人,有受到最基本的尊重的权利,我们在评价他人时,必须给他人最基本的尊重,不能随意贬损,将他人贬低为非人。①

这种说法当然很有道理,但如果从社会学、心理学的角度看名誉权,或许会有更深刻的见解。从心理学的角度来看名誉权,控制他人对我们的评价的权利(个人形象控制权),可以让我们更好地调整自己的行为,达到社会的预期,实现个人的价值。关于这一点,笔者在另外一篇论文中已有提及,②这里从三个方面进一步展开。

第一,按照心理学上的自我理论,我们每个人心中都有两个自我,一个是"主我"(I),代表自己的需求,一个是"客我"(Me),代表自己评价中或者别人评价中的自己。③ "客我"会不断给自己指示,我应该怎么做。而"主

---

① 参见林来梵:《人的尊严与人格尊严——兼论中国宪法第38条的解释方案》,《浙江社会科学》2008年第3期。

② 参见骆正言:《〈民法典草案〉人格权编的宪法学省思》,《浙江社会科学》2020年第2期。

③ "客我"其实就是人的自我意识,是一个人借助别人的眼光认识自己、评价自己。他人就像一面镜子,我们必须借助这面镜子,才能看清我们自己。自我意识是从儿童时期慢慢养成的,18个月以下的小孩是没有自我意识的,他们照镜子时并不知道镜子里的人就是自己。儿童是在模仿他人的过程中,比如模仿爸爸、妈妈,慢慢建立自我意识的,这个阶段心理学家称为模仿阶段。孩子再大一点之后,就会进入下一阶段,叫作竞赛(game)阶段,在这个阶段他们会学会用更多人的眼光看待自己,就如同在足球比赛一样。在足球比赛中,每个球员不但要自己踢球,还要观察其他球员的行为,理解他们的意图,然后将球传给他人,或者接住他人传过来的球,在这个过程中人会从他人的角度来看待自己。了解到不同的人对自己的看法之后,人们就会对自己形成一种总的看法,形成完整的自我意识。参见[美]乔治·瑞泽尔:《现代社会学理论》(双语第7版),北京联合出版公司2018年版,第226—227页。

我"则会在这些指示中选择、权衡,是遵从客我的要求,还是响应内在的需要,只有经过"主我"和"客我"的内部对话(Innere Dialog),个人才能作出决定,最后采取行动。①

比如在路上捡到钱包,"主我"会说拿回家,"客我"则会说还给别人。由此可见外在评价(或者"客我")的存在是有益处的,正因为有了外在评价,我们才能约束自己的行为,达到社会的预期,获得个人的成就。如果没有这种评价,我们就会失去自我,就会作出危害他人和社会的事情而不自知。

但是反过来,如果他人的评价建立在不准确的事实之上,上述的指导作用就会失灵,个人就会不知道未来怎么采取行动。比如有人看到路边有老人跌倒,主动扶他起来,结果被认为撞倒了老人,被社会谴责,还要作出赔偿。本来帮人却被诬陷、诽谤,这种基于错误事实的外在评价,会让人无所适从,下次看到类似的情况,就不知道怎么行动。因此我们要保证外界的评价必须基于真正的事实进行。

第二,根据心理学上的人格同一性理论(英文为 Identity Theory,德文是 Identitätstheorie,亦称身份认同理论),每个人都能通过前述"主我"和"客我"的对话,形成一个稳定的"自我意识",简单说就是自己认为自己是个什么样的人,属于什么性格,什么种族,什么性别,什么群体,然后尽力按照这种人格特征设计自己的人生。② 如果一个人希望建构的人格,和外界所认可的人格,有很大的差别,比如说一个人觉得自己是个有价值的人,或者他想要做一个有价值的人,最后社会给这个人的评价却是他一文不值,就会出现人格"不同一"问题,而人格不同一和人格分裂有直接的关系。③

说人格不同一相当于人格分裂,或许有些危言耸听,其实二者是很有关系的。我们一般认为,人格分裂是指某人出现多重人格,一个人觉得自己有几个自我,无法统一,他性格反复无常、极度暴躁,好像体内有一个魔鬼不能自控。这无论是对自己,还是对他人,都是很危险的。这些问题是如何产生

---

① Paul Tiedemann, Menschenwürde als Rechtsbegriff: Eine philosophische Klärung, BWV-Berliner Wissenschafts-Verlag 2007, S. 239 – 243.

② Paul Tiedemann, Menschenwürde als Rechtsbegriff: Eine philosophische Klärung, BWV-Berliner Wissenschafts-Verlag 2007, S. 239 – 243.

③ 参见沈亚生:《人格同一性问题的思辨》,《哲学研究》2000 年第 3 期。

的呢？多数情况下是他们在儿童期间遭遇过严重的伤害，不能克服，而只能将它们隐藏在心里的某个地方，这会导致一个人的记忆变成许多相互失去联系的片段。这就是人格的不同一问题，极容易造成人格分裂。

比如有一个心理学家，研究过一个患有精神分裂的孩子，她从小被患有精神病的母亲虐待，被吊起来打。这种危险在很长时间内存在，她很难消除这种危险，于是她在心理上学会了一种控制方法，将这种恐惧和痛苦遮蔽起来，放到记忆的某一个角落，而不是去思考和回忆，直到她成人之后。但是这段被她压抑住的记忆，仍然会在某个时刻苏醒过来，占据意识的中心，此时她就会变得非常暴躁和具有攻击性，她无法控制自己的行为。

上例是很严重的情况，一些轻微的人格不同一，也需要我们注意。比如一个人在家庭、在学校、在社会上长期遭受批评，他无论如何调整自己的行为都无法改善这种现象。最后的结果是，对于现实社会，他很可能会产生出反抗的倾向或自我毁灭的倾向，比如对某些人、某些事产生强烈的排斥心理，以辱骂、暴力的行为来获得控制感。反过来，他也会试图从其他地方（甚至非法组织中）寻找社会的认同，以获得自我认知和社会认知的同一，而这也是非常危险的。

所以德国法特别强调尊重个人的人格尊严，尊重个人的自我决定，换句话说就是保护一个人人格的同一性，允许人们按照自己建构的人格去采取行动，而不要随意破坏他对自己行为的认知。总之，德国法对"人格的同一性"进行保障，事实上就是希望让社会承认一个人对自己人格的建构，来保证一个人对自己行为的控制。

因此，如果我们对一个人肆意进行侮辱，过分贬损，彻底否定他的身份建构，那么，这个人可能会产生身份认同危机，出现各种心理问题甚至危险行为，如羞辱、自卑、自责、自杀、攻击社会等等。[①] 总之，社会或个人对他人的评价，必须遵循一个底线，也即要尊重他的自主性，承认他的身份认同，即便有错也给他"改恶从善"的机会。

第三，从心理学上的个人形象控制（Impression Management）理论来

[①] 参见杨昭宁、井维华、韩仁生主编：《现代心理学》，山东人民出版社2009年版，第258—259页。

看,每个人一生中都会扮演不同的角色,就像舞台上的演员一样,有时候是单位领导,有时候是领导的下属,有时候是出租车司机,有时候是顾客,有时候是父母,有时候是子女。因为人们常常要不断切换身份,调整(控制)自己的形象,所以我们必须与他人保持距离,尊重他人的选择。

总之,为了让一个人在心理上有发展的机会,为了让一个人做出对社会、对自己有益的事情,我们在评价这个人的时候,必须实事求是,不能捏造事实,虚构真相,同时我们在评价的时候,也要给予这个人最基本的尊重,将其视为一个"人"来对待。

这是从心理学的角度对名誉权保护的意义进行的探索,也是我们必须保护每个人外在和内在名誉的理由,值得处理名誉权纠纷的人密切注意。而从社会学的角度来看,名誉权保护也有极大的社会效果。

这些规律是许多管理学和心理学的实验所证明的。在管理学上有霍桑实验,说的是科学家去测试不同人的生产效率如何能够更高,他们做了实验,让一部分人受到关注接受测试,另一部分人不受关注接受测试。然后发现,受到关注的人越来越多地提高了效率,而不受关注的人却没有,效率非常低。从而得出一个结论:被给予更多重视、更多关注的人,会产生更高的效率。

教育学上也是一样,比如教育心理学家让一群孩子来做实验,心理学家随机告诉一些孩子,他们有特别的禀赋,一段时间以后,这些孩子真的比其他人更好。可见对人的期待越高,激励越多,这个人最后的发展也就可能越好。总之,不是强制带来效率,而是给予尊重、赋予权利,带来了更高的效率。

有人认为,现代社会对于权利的尊重,不完全是在人和人的对抗中达成的。如畅销书《人类简史》的作者尤瓦尔·赫拉利所说,人类的一个群体对另一个群体的控制很难被推翻。很多时候越是统治者,越是强势者,就越有发言权,群体也越团结。你想让弱势群体联合起来,并不是容易的事。很多时候弱势人群的权利,反倒是强势者发现和赋予的。因为他们发现赋予每个人更多的权利,能够创造更高的效率。这才是人权被普遍保护的原因。这是我们对权利内涵的另一种认识。

对此,法学研究者不这么看,一般认为权利、自由的保障是通过弱者的斗争得来的,比如英国光荣革命、法国大革命、美国独立战争,早期的经济权利,如财产权、契约自由如此,后期的人性尊严、人格权更是如此。因为18世纪的法国大革命的参与者意识到,财产权利、契约自由非常重要,于是去争取这种权利。到了19世纪、20世纪,人们越来越感受到,社会制度对个人的精神自由造成压制,于是人民更多地通过社会变革创造了自由和民主制度。

权利的确是有这样一个倾向,它的确是通过社会的革命带来的,是人民对抗压迫的结果。从经济效率的角度来看,自由民主制度其实也同样具有提高社会效率的作用,是人们打破社会阻隔,形成统一市场所必需的,因此社会对这些制度的接受往往是在自愿的情况下进行的,一个社会主动接入世界市场,打破了原来的市场分割、社会分割,创造了一个效率更高的社会。

总之,社会的变革有一些是社会革命的结果,但也有一些为了响应经济进步、社会发展的要求而自发产生的。

第二章　死者的名誉权

说完名誉权的重要性之后,我们来说说死者的名誉权,看看死者的名誉权是否也一样受保护。

第一节　死者的名誉权保护

关于死者的名誉权保护问题,尤其是一些重要人物死后的名誉权保护问题,由来已久。这些重要人物即便过世了,也不能被随意诽谤和侮辱。在古代,这么做的目的是维护社会的稳定性。在中国古代,对重要人物名誉的重视程度比普通人要高,即便这些重要人物死去也是一样的。一般认为这么做有维护一个国家的传统意识形态的作用。

进入现代,很多人开始质疑对死者名誉保护的必要性。这些年现实生活中出现了一些损害英雄烈士名誉权的现象,反过来激发人们重新思考死者的名誉权保护。因为死者的名誉权保护,很多时候不只是保护死者,也保护生者。在今天,对死者的名誉权保护,不同的法律体系有不同的做法,总体上存在不保护说、间接保护说和直接保护说。对此学术界已有许多的介绍,此处作一个简单介绍。

一、不保护说

我们先看不保护说,其典型代表是英美法。据日本民法学者五十岚清的介绍,英美法不保护死者的名誉权,认为名誉、隐私这些权利是权利人的一种专属权,权利人死后其家属不能以死者的名义起诉他人名誉侵权,也不能以自己的名义代替死者行使权利,唯一的例外是死者的名誉受损的同时,死者家属的名誉也受到了伤害,死者家属可以提起诉讼。①

对此其他学者也有类似的论述,而且认为保护死者的名誉是东方社会的特色。他们指出,美国有些州和印度,也在刑法上保护死者的名誉权,美国法早期也保护死者的名誉,只不过现在不再保护了。② 美国也有学者提出,尽管美国《统一侵权法》(区别于判例法或普通法的适用于全国的侵权法典)原则上不保护死者的名誉权,但是如果某地区既有的立法已经规定保护死者的名誉权,那也可以继续保留这方面的规定。③

大体来看,在美国法看来,既然人已经死了,就不存在这种权利了。为什么保护死者人格权是颇具东方色彩的做法呢? 主要原因是东方社会更强调集体主义。死者很多时候是代表着集体价值、某种特定意识形态的。否定死者的价值就是否定某一类人群的价值观。从这一点来说,诽谤死者就不仅是对个人的诽谤,而是对集体的诽谤,对集体利益的冒犯。这种观点到底如何理解,我们下文再详细分析。

---

① 参见[日]五十岚清:《人格权法》,[日]铃木贤、葛敏译,北京大学出版社 2009 年版,第 29 页。国内学者李亚虹教授也有同样的看法,认为在美国侵权法上,如果有关死者的描述可能诽谤了活着的人,那么活着的人就可以提起诉讼。参见李亚虹:《美国侵权法》,法律出版社,1999 年版,第 165 页。

② 比如汪庆华教授在一篇论文中指出,虽然美国学界也有人倡议在美国侵权法领域引入对死者清白的保护,美国一些州的刑法中也存在关于诽谤先人的条款,作为英美法一分子的印度刑法也有针对死者名誉之保护,但美国法有些州保护死者的条款早已经存在而不用,总体上普通法不保护死者的名誉,死者的名誉保护是颇具东方色彩的东西。参见汪庆华:《名誉权、言论自由和宪法抗辩》,《政法论坛》2008 年第 1 期。

③ 参见[美]爱德华·J.柯恩卡:《侵权法(美国法精要·影印本)》,法律出版社 1999 年版,第 381 页。

二、间接保护说

第二种学说是"间接保护说"。"间接保护"以及后文所说的"直接保护说"是我国学者刘召成教授总结的。"间接保护说"就是通过保护死者亲属的感情,来保护死者的名誉权。

我国台湾地区有一个著名的死者名誉权案——"诽谤先人案",对死者名誉保护作了限制,将死者名誉权保护的对象限于死者的近亲属。该案说的是一位作者,在某期刊上发表文章,指称中国古代散文大家韩愈,在福建潮州生活期间,私生活不检点,沾染嫖娼恶习,以至于身体虚弱,百病缠身,后误信方士之言,服用硫黄,中毒而死。文章发表后,一位自称韩愈第 39 代后人的在台湾地区生活的韩氏男性,控告作者诽谤其先人。该案一审判决原告胜诉,文章作者侵犯韩愈后人的名誉权;二审否定了一审的意见,认为不构成名誉侵权。判决理由有两点值得注意:第一,韩某人和韩愈生活年代相距甚远,很难证明存在这种亲属关系。第二,韩某人和韩愈生活年代相距甚远,很难证明存在感情上的伤害。而我国台湾地区所谓"刑法"上的诽谤罪和民法上的名誉侵权,都是以死者近亲属的心理伤害为条件的。[①]

采取这种保护方法的国家和地区很多,比如在欧洲大陆,除了德国的名誉权法直接保护死者的名誉权,像法国、瑞士等国家,都是以死者亲属对死者的怀念之情作为保护对象的。[②] 这就是间接保护学说,以保护亲属利益来间接保护死者的名誉。

三、直接保护说

第三种学说是"直接保护说"。这也是借用刘召成教授的分类提出的概

[①] 参见杨仁寿:《法学方法论》,中国政法大学出版社 1999 年版,第 3—8 页。
[②] 参见[日]五十岚清:《人格权法》,[日]铃木贤、葛敏译,北京大学出版社 2009 年版,第 30 页。

念。该学说认为死者名誉权保护的对象是死者本人,而不是死者的近亲属。① 这是德国民法上的做法,德国刑法学界主张死者自身的人格权(包括名誉权)本身不受侵害。②

德国联邦宪法法院判决的"梅菲斯特案"(Mephisto)就是这方面的代表。德国著名作家克劳斯·曼(Klaus Mann)以20世纪著名演员格林特盖斯(Grundgens)为原型创作了小说《梅菲斯特》,其中揭露了该演员迎合纳粹政府,改变政治信仰,抛弃人类基本道德观念的事实,其养子向法院诉请禁止该书出版。德国联邦最高法院判决认为,人死之后,虽然其权利能力消灭,但其人格权仍继续起作用,死者的人格利益受法律保护,可由他人代为行使。③

关于该判决的理由,德国联邦最高法院从"《基本法》第1条、第2条中提出证明,认为'人至少可以相信,在其死后受到严重歪曲(事实)的名誉毁损时,其生前的生活形象受到保护。只有在能够拥有这种期待的前提下生存时,其生前的作为人的尊严和自由发展才能够按基本法的含义得到充分保障'"④。

德国《基本法》第1条是人性尊严条款(或称人格尊严、人的尊严),第2条是人格权条款。后来在联邦宪法法院该案仍然维持了判决,只不过将依据的法律条文更正为《基本法》第1条的人性尊严条款,该院认为第2条人格权条款,只适用于活着的人。⑤ 按照这种观点,人的尊严(受人尊重的这种特性)是人死后仍然具有的权利,不是随便可以侵犯的。

---

① 参见刘召成:《论死者人格的立法保护》,《首都师范大学学报(社会科学版)》2013年第5期。

② 参见[日]五十岚清:《人格权法》,[日]铃木贤、葛敏译,北京大学出版社2009年版,第29页。

③ 参见刘召成:《论死者人格的立法保护》,《首都师范大学学报(社会科学版)》2013年第5期。

④ 参见[日]五十岚清:《人格权法》,[日]铃木贤、葛敏译,北京大学出版社2009年版,第29页。

⑤ 参见[日]五十岚清:《人格权法》,[日]铃木贤、葛敏译,北京大学出版社2009年版,第29页。

四、本书的观点

以上几种观点从不同的角度谈了死者的名誉是否应该保护的问题。这些见解似乎都有道理,但相互之间又存在着矛盾,那么本书的观点是什么呢?笔者主张,我们应该保护死者的名誉权,保护其本人的名誉权,并且是永久保护其名誉权。笔者认为只有这样才能在法理上达到逻辑一致,在效果上能够提高,也能够保证公平公正。

1. 不保护说为何不对?

为了说明这一点,首先要分析的是,为什么像美国大部分州那样,不保护死者的名誉权是不对的。笔者认为有以下四个理由:

第一,不保护死者的权利,任由死者的名誉被随意侵犯,会让我们活着的人,死得不放心,死得不瞑目。人如果知道自己死后,其名誉会被任意侵犯,我们活着的时候,也会感到痛苦和无助。

第二,不保护死者的名誉,无助于约束活着的人遵纪守法。我们每个人,既珍惜生前也珍惜身后的名声。我们之所以不做违法乱纪的事情,特别是在临死的时候不做坏事,不伤天害理,也是因为对死后的名声、形象有所珍惜。

第三,不保护死者的名誉权也会附带影响其他活着的人,不论是死者的亲属,还是社会一般大众,都会觉得不舒服,觉得难过。因为看到别人死后的状况,我们会心生怜悯,甚至会联想到自己死后的情况,这如何能让活着的人安心呢?

第四,也是最重要的理由是,不保护死者的名誉,是对死者的尊严和人格的极大的不尊重。

2. 保护近亲属利益的间接保护说的问题

以近亲属利益作为死者权利的保护对象的间接保护说为什么不对?关于这个问题,笔者认为,仅仅保护近亲属权利,存在以下几个问题:

第一,哪些近亲属的利益需要保护?是全部的近亲属,还是个别近亲属?如果有的近亲属要求起诉,而有的近亲属无所谓,应该怎么办?这个问题需要明确,但很难界定。

第二,名誉侵权的损失大多数时候伴随着精神损害赔偿,近亲属的这部分损失是否应该得到保障,也是一个问题。实际上,关于死者名誉权保护的判决,都没有提到这一点,法院一般并不要求侵权者承担精神损害赔偿的责任。

第三,也是最重要的,有学者如浙江大学王凌皞教授提出的,为什么死者的名誉受到侵害,其近亲属可以提起名誉侵权诉讼,而活着的人名誉受到损失时,他们的近亲属就不能提起名誉侵权诉讼呢?这中间是存在矛盾的,存在逻辑上不统一的(不融贯)。① 如果说保护近亲属的名誉权,为的是保护死者本人的名誉权,只不过因为死者已经过世了,无法再提起名誉侵权诉讼,所以只能通过近亲属提出权利保护的请求,那么这其实还是承认了死者本人的权利应该得到保障。换句话说,因为死者无法自己保护自己的权利,而由他人代为保护自己的权利,这不就是直接保护说吗?

以上是从逻辑的角度,论证了死者近亲属利益保护的间接保护说是站不住脚的。最后我们再说说,为什么直接保护说是最合理的。

3. 直接保护说为什么是必然选择?

直接保护说之所以是合理的,是因为传统法理所说的民事权利始于出生终于死亡,人死之后就失去了权利能力,其权利就不受保护。

这一点许多学者都有过分析,比如朱振教授和王凌皞教授。朱振教授提出以利益论作为权利保护的依据,而不是选择论(意志论)。② 这里的选择论或意志论,就是前面说的以权利能力作为权利保护的条件,如果行为人没有权利能力,未出生或已死亡,就不受法律的保护。而利益论则是不管这个人是否有自由意志,是否有选择能力,而只是看这种保护对某个人或其

---

① 参见王凌皞:《存在(理智上可辩护的)法律教义学吗?——论法条主义、通说与法学的智识责任》,《法制和社会发展》2018年第6期。

② 参见朱振:《共同善权利观的力度与限度》,《法学家》2018年第2期。

他人是否有利,是否有价值,来确定是否要给这个人、给这种利益以特别的保护。

王凌皞教授从死者的权利——曾经在世的生者的权利这一点出发,批评了人死了就没有权利这种学说。① 他的意思是,因为死者曾经活过,所以应该受到保护,就像胎儿即将出生,所以应该保护一样。这种保护死者权利的例证,王教授指出可以从著作权法中找到,著作权人过世后,他们对于著作的署名权、修改权以及作品本身的完整权都是永久受到保护的。

朱、王两位教授都反对把权利享有者仅仅限定于活着的人,这一点笔者是同意的,但关于这么做的理由,笔者认为两位教授的论述仍有需要补充之处。

朱教授以利益论代替选择论(意志论)来论证死者的权利应受保护,这种说法也很难说得通,因为利益论与是否保护死者权利没有必然的关系,怎么说呢?利益论是要解决哪些东西值得保护,比如对我们有好处、有利益的东西,我们就该保护它。为什么我们要保护它呢?因为它对我们每个人,甚至对集体是有好处的,所以我们必须加以保护,比如保护隐私、名誉有助于我们控制自己的生活,构筑健康的人格。总之,利益论是要解决什么利益特别重要,值得以法律的手段来特别保护。而这一点其实和本书讨论的是否应该给予死者名誉权并不是直接相关的。此处要讨论的是死者的名誉是否应该给予保护,而利益论是在证明对于普通人来说名誉为什么值得保护,但对于死者为什么名誉同样重要朱教授就没有下文了。

王教授认为死者的权利保护保护的是曾经活着的人,这其实还是想以生存作为权利保护的基本条件。其实纠结于是否活着是没有意义的,其他主体如同王教授所举的例子,虽然不再活着,也仍然可以享有权利。所以是否给予某些主体权利,或者给予什么权利,其实是相互同意的结果。

这就要讲到笔者的观点,我们应该以"同意论"作为证明死者的名誉是否需要保护的理由。这可以从两个方面来说明。一是我们可以用同意论来证明是否应该保护死者的名誉。二是针对如何说服大家同意,我们可以提

---

① 参见王凌皞:《存在(理智上可辩护的)法律教义学吗?——论法条主义、通说与法学的智识责任》,《法制和社会发展》2018年第6期。

出,对死者权利的保护和现行法律以及法律原理是不矛盾的,是一项可行的制度。

至于第一点,"同意论"其实是所有权利、法律、制度能够成立的核心条件,而不是什么利益论,或者选择论。我们可以回忆一下,人类历史上是如何逐步赋予各类主体各类权利的,比如赋予奴隶、妇女、儿童、外国人等主体权利,比如赋予各类主体财产权、契约权、隐私权、选举权、言论自由等等,都是以同意而不是其他理由作为理论基础的。

比如财产权本身就是相互承认各自权利的结果,两个原始部落在争夺一块土地时,发现无法完全驱逐对方,或驱逐对方给自己一方带来的损失太大的时候,双方就会妥协。让双方获得一部分权利,这就是财产权的起源。可见相互的同意是权利产生的最重要的基础。那么对死者的名誉,为什么要保护,也是一样的,只要大家同意,就可以设定。

按照这种观点,如果让大家决定是否支持保护死者的名誉权,大部分人都会同意的。正如联邦宪法法院在保护死者权利的判决中说的:"当个人能够信赖其生活形象于死后仍受保护,不被重大侵害,并在此期待中生活,宪法所保护之人的尊严和个人在生存期间的自由发展始能获得充分保障。"这就是说只有个人死后的名誉仍能受到保护,个人的尊严和人格才能得到真正的保护。所以如果让大家自主决定,自己死后的名誉权是否应该受到保护,应该都会作出肯定的回答。

至于第二点可行性问题,为了说服大家同意某一种观点,我们还可以证明这种做法与现行法律法规和法律理论并不矛盾,是具备可行性的。关于现行立法,前面已经有所说明,我国很多法律规范都已经提到死者的权利保护。有学者认为,这是在保护死者近亲属的名誉权,但也可以解释为就是保护死者本人的名誉权,而其近亲属只是作为其权利的代表人,就如同对未成年人或者老年人的监护权一样。

关于法律理论,我们可以说保护死者本人的名誉,不违背法律理论,人虽然已经死了,但他和活着的人共享许多特点,他们都是(或曾经是)有自由意志的人,他们都有(或曾经有)姓名、名誉、肖像等。尽管人已经死了,但"死亡"并不能作为直接区分权利是否需要保护的充分条件。保护死者的权利会带来很多的好处,如让活着的人心里安定,让每个人珍惜自己的名声。

对死者权利的保护也不会带来什么特别不好的后果,所以我们不能说人死了其名誉权就不应该受保护了。但是关于死者名誉的保护还有相关的几个质疑不能不考虑。

五、几个相关的质疑

1. 保护死者名誉权是否会导致诉讼泛滥

第一个质疑死者名誉权保护的观点是这样做会不会导致诉讼泛滥。如某些人提出的,如果任何一个死者,他的名誉权都受到保护,会导致诉讼泛滥。法院不但要保护活着的人,还要保护死去的人,司法系统将不堪重负,甚至会导致生者权利无法保护。司法资源是有限的,必须选择重要的事情来完成,而不能过多考虑细微的、不重要的事情。

这的确是一个问题,但不是大问题,因为人已经死了,随着时间的流逝,人们并不会随意为了他人的利益去诉讼。很多时候某人去世了,其近亲属也并没有多少意愿为他提起诉讼。况且我们还可以通过诉讼资格(当事人适格)制度,限制人们为与自己无关的其他人的利益提起诉讼,简单说就是除了死者的近亲属可以代表死者提起名誉侵权的诉讼外,可以规定只有特定的社会团体或国家机关才可以代表死者提起名誉侵权诉讼,这样就可以大大降低死者名誉侵权诉讼的数量。

德国法上也有学者主张,由从事民族精神文化遗产保护的社会组织来代替死者提起诉讼。[①] 这也是防止关于死者人格权的诉讼泛滥的方法,因为死者权利保护的组织和机关会根据诉讼的效益来筛选案件。我国现行立法中也有死者权利的保护,如前面已经谈到的著作权法规定的作者署名权、

---

① W. Seifert, "Postmortaler Schutz des Persoenlichkeitsrechts und Schadensersatz-Zugleich ein Streifzug durch die Geschichte des allgemeinen Persoenlichkeitsrechts," NJW (1999) 1889, 1894. 转引自 Götz Böttner, "Protection of the Honour of Deceased Persons—A Comparison Between the German and the Australian Legal Situations," *Bond Law Review*, 2001, vol. 13, 113 - 114.

修改权和作品的完整权,在作者死后也受保护,而且是永久保护,可是这项立法并没有产生诉讼泛滥的问题。

也有学者提出死者名誉权保护应有时间限制,不应该是无限期的,这也是限制诉讼滥用的一个重要方法。比如日本学者五十岚清教授认为,一般来说,死者过世的时间越长,其名誉权、隐私权就越应该有所保留,而以该死者为对象的文学、艺术创作、学术研究的自由空间就更大,甚至还提出死者的人格权,保护至死后三十年比较好。①

但是德国法对死者名誉权保护的期限没有明确限制,而是交由法院裁断,也就是说,即便去世时间很长,但法院认为可以保护,就可以保护。判断的根据是死者名誉损害的严重程度以及死者本人的"知名度和重要性"。②总之,随着人们对死者的记忆逐渐消失,随着不歪曲该死者形象的利益逐渐减少,我们对于该死者的名誉保护的必要性就越来越小。③

在笔者看来,前文所谓的三十年保护期或者五十年保护期,与我们保护死者本人权利的理念是不相符的。这里保护的仍然是死者的近亲属,而不是死者本人。对于死者本人而言,反正也是死了,为什么三十年内可以保护,而三十年后就不能保护呢?这是说不通的。

笔者认为死者的名誉权应该永久保护,就像著作权法对著作权中的人身权永久保护一样。不过因为导致死者名誉受损的言论本身也是言论自由或者学术自由的保护对象,所以尽管死者的名誉权是其尊严和自由的体现,随着死者过世时间的加长,随着死者与生者关系的减弱,我们对死者名誉权的保护,就要更多地让位于其他人的言论或学术自由。

---

① 参见[日]五十岚清:《人格权法》,[日]铃木贤、葛敏译,北京大学出版社2009年版,第33页。
② BGHZ107,384,392f.——Emil Nolde. [德]马克西米利安·福克斯:《侵权行为法》,齐晓琨译,法律出版社,2006年版,第67—68页;Götz Böttner, "Protection of the Honour of Deceased Persons—A Comparison Between the German and the Australian Legal Situations," Bond Law Review, 2001, vol. 13, 114.
③ BGHZ107, 384, 393. Götz Böttner, "Protection of the Honour of Deceased Persons—A Comparison Between the German and the Australian Legal Situations," Bond Law Review, 2001, vol. 13, 114.

2. 保护死者名誉权在诉讼上的困难

对死者名誉权保护的第二个疑虑是,保护死者名誉权难度太大,缺乏可行性。一则是年代久远,查找证据太难。二则是死者的权利由谁来代表,特别是死者过世很多年,没有近亲属。

但是,这项顾虑也不必过分担心。关于证据收集问题,我们可以采取谁主张谁举证的原则,缺乏证据的一方承担败诉的结果,这个问题就解决了。此外关于死者名誉权保护的代表人问题,可以有三种情况:一是由死者生前委托的人代表死者提起诉讼(如果死者生前委托过),德国侵权法有这种规定。① 二是由死者的近亲属担任死者权利保护的代表人,前述我国的相关司法解释就是这么做的,德国法上虽然没有规定死者名誉权由谁提出保护,但是法院类推适用《艺术著作权法》允许死者的近亲属提起诉讼。② 三是笔者建议的,在死者没有委托其他人代表权利人提起诉讼,而且没有近亲属或者近亲属也已去世时,我们可以模仿未成年人权益、老年人权益保护,由社会组织或者国家机关担任监护人,这时候即使个人有想法提起死者名誉侵权诉讼,也只能向这些组织和机关提出建议。这当然也会涉及死者名誉权保护的期限问题,后面还将详述。总之,这样一来,我们就解决了死者名誉受损后,无人代表其提起诉讼的问题。根据以上分析,我们认为死者的名誉权保护既是必要的,也是可行的。

第二节 死者名誉权保护条款的体系化解释

笔者认为在立法上将上述原理完全落实在立法或司法实践中并不一定可行,就像前文说的关于死者的名誉权保护,许多时候都是采取具体问题具

---

① 参见[德]马克西米利安·福克斯:《侵权行为法》,齐晓琨译,法律出版社,2006年版,67页。

② 参见[德]马克西米利安·福克斯:《侵权行为法》,齐晓琨译,法律出版社,2006年版,67页。

体对待(个案衡量)的方式来解决。即便制定了一些法律条文,这些条文也只能是一项原则,不是一项规则,也即不能直接把它当作大前提,然后添加小前提,就能得出结论。所以从司法层面由法官通过解释现行立法,来落实上述死者名誉权保护原理,倒是一个不错的选择。对此可以从两个方面入手。

第一,对于普通人,他们过世以后,我们该不该保护他们的人格权,由谁来代表他们提起名誉权诉讼?保护期限多长?第二,对于著名人物,我们怎么保护他们的名誉权呢?是不是给予比普通人更多的保护?由谁来代替他们提起诉讼?应该给予他们多长时间的保护?

一、普通人死后的名誉权保护

先说说普通人死后,如何保护他们的名誉权。对此可以直接根据现行司法解释来处理。这里我们需要再次回顾1993和2001年的两个司法解释。1993年《最高人民法院关于审理名誉权案件若干问题的解答》(已废止)第5条规定:"问:死者名誉受到损害,哪些人可以作为原告提起民事诉讼?答:死者名誉受到损害的,其近亲属有权向人民法院起诉。近亲属包括:配偶、父母、子女、兄弟姐妹、祖父母、外祖父母、孙子女、外孙子女。"2001年《最高人民法院关于确定民事侵权精神损害赔偿责任若干问题的解释》第3条规定:"自然人死亡后,其近亲属因下列侵权行为遭受精神痛苦,向人民法院起诉请求赔偿精神损害的,人民法院应当依法予以受理:(一) 以侮辱、诽谤、贬损、丑化或者违反社会公共利益、社会公德的其他方式,侵害死者姓名、肖像、名誉、荣誉……"

这两个条文是针对普通自然人的,保护的主体是死者的近亲属,包括配偶、父母、子女、兄弟姐妹、祖父母、外祖父母、孙子女和外孙子女,这个范围非常宽泛。保护的期限,从孙子女、外孙子女可以作为代表人,可以看出应该有五六十年,一代三十年,两代就有六十年了。如果近亲属都不在了,就不需要保护了。

二、"具有重大贡献的历史人物"的名誉权保护

"具有重大贡献的历史人物"这里指的是具有相当知名度、具有历史价值的人物。这些人物的名誉权应该如何保护？

针对这个问题，吉林大学曹相见教授曾经提出："《民法典》应将具有重大贡献的历史人物通过漏洞填补的方式纳入第185条的保护范围。"①这里的《民法典》第185条指的是："侵害英雄烈士等的姓名、肖像、名誉、荣誉，损害社会公共利益的，应当承担民事责任。"也就是说"具有重大贡献的历史人物"过世以后的名誉权也受法律保护。笔者也赞同这种做法。笔者认为"具有重大贡献的历史人物"可以在生前指定特定的代表人保护其名誉权，不一定是近亲属，也可以是直系远亲，或者旁系血亲，甚至养子、继子，还可以是社会组织或国家机关。

过世的著名人物一般都有很高的社会知名度，对在世的人具有重要的精神指引作用，这一点和普通人不同。因此需要对他们的人格权给予保护，他们的名誉对于活着的人，具有相当重要的价值。对在世者的名誉的贬损，会伤害他们的人格同一性、自我形象建构；对过世的著名人物的贬损，以及对他们行为的歪曲，也同样伤害了爱戴和信仰这些著名人物的普通人的感情，会让他们的社会认同遭遇危机，人格发展难以进行。这些利益也是至关重要的，必须加以注意。对死者本人的名誉或尊严的尊重，加上生者的感情、人格的健康发展，共同构成了我们保护过世的著名人物的名誉权的理由。

总之，对于"具有重大贡献的历史人物"的名誉权，我们也应该给予永久的保护。他们过世以后的名誉权，可以由检察机关来作为"监护人"，代为提起名誉侵权诉讼，或者督促行政机关采取行动，阻止某些人的名誉侵权行为。当然对于"具有重大贡献的历史人物"，如果发言者有一定的证据证明自己所说的是事实，或给予批评时没有过度，我们也不会将他们的发言视为

---

① 曹相见：《死者"人格"的规范本质与体系保护》，《法学家》2021年第2期。

名誉侵权。这就是我们下文将要讨论的名誉侵权的抗辩事由,我们只有将名誉权和它的抗辩事由放在一起妥善权衡,才能更好地处理普通人和著名人物的名誉侵权问题。

第三章　学术研究的自由及其价值

在前文中,我们说到了名誉权保护以及死者名誉权保护的重要性。简单来说,名誉权包括外在名誉和内在名誉,它保护的是个人的外在评价不被降低,内在情感不被伤害的权利。但我们也知道,完全禁止一切降低个人外在评价和内在情感的行为是不可能的。随便举一个例子,就可以看出这么做的问题。比如某人故意杀人,被判死刑,媒体肯定应该可以报道这种行为,也可以对这种行为加以谴责,虽然这会降低此人的外在评价,也会伤害此人的内在感情。

这还是已经证明存在违法犯罪行为的情况,有时候当违法犯罪行为还没有确定的时候,我们也不能完全禁止人们发表言论降低某人的名誉,比如举报他人犯罪就是这种情况。举报肯定会影响到他人的名誉,但举报时事实并没有查清。如果最后查实是真的犯罪还好说,如果发现不是犯罪,是不是就要对举报人治罪呢?这是一个很难回答的问题。

如果错误打击举报者,就会挫伤人们举报的积极性,让犯罪得不到发现,人们三缄其口,不敢发言。而如果举报者完全不负责任,也会导致随意栽赃陷害,捕风捉影,相互争斗,人人自危。怎样在中间找到一个平衡,不能完全靠社会管理者的自我裁定,而应建立一个法律规则来协调。如果要想在法律上找到一个标准,我们就要回答什么时候我们必须保证一个人的外在评价不被降低、内在情感不受伤害?什么时候我们又允许人们发表某种言论,哪怕它会降低他人的名誉,伤害他人的感情?这就要提到名誉侵权的抗辩事由。

第一节　名誉侵权抗辩事由的概念

　　名誉侵权的抗辩事由是指为了保护与名誉权相对立的其他重要权利和利益,比如言论自由、学术自由、职务履行等,将某些揭露某种事实贬低他人的外在评价,或者发表某种言论伤害他人内在感情的行为,不作为名誉侵权看待。

　　与名誉权一样,这些权利和利益同样值得尊重。举例来说,允许媒体报道某人的违法犯罪行为,从而贬损该人的名誉,既可以教育其他人不要犯同样的错误,也可以从此人的生活经历中,总结出违法犯罪的原因,从而为预防违法犯罪提供借鉴,还可以让无辜的人知道该人的违法犯罪行为之后,能够设法避开这些违法犯罪行为,不受其伤害。

　　但是言论自由、学术自由、履行职务等权利和名誉权,有时候是非此即彼、针锋相对、无法回避的,我们只能牺牲一方,保全另一方,没有其他选择。举例来说,某人故意杀人或者有重大的杀人嫌疑,新闻媒体希望对此事加以报道,而犯罪嫌疑人为了自己的名誉,当然会抵制媒体的报道。对于这两方的冲突,国家可以采取的策略有以下几种:一是不允许报道,二是允许报道(全部事实),三是允许报道部分事实。

　　如果按照第一种方案,不允许媒体报道此事,特别是不允许报道有丝毫的差错,不允许评论有任何伤害他人感情的地方,那么个人的名誉是不会受到伤害,但是新闻报道、艺术创作、学术研究就得事无巨细地核实信息,这必将耗费巨大的时间与精力,那么报道、创作和研究就难以开展,言论表达的自由、艺术创作的自由、学术研究的自由,以及由此带来的公众的知情权、他人防范风险的可能性、他人受教育的机会都将被牺牲。

　　如果按照第二种方案,允许媒体报道(全部事实),甚至在不确定是否真是此人犯罪的情况下允许媒体报道,那么其个人的名誉将受到影响,他的社会评价将会降低,他的个人情感将会受损,甚至还会失去工作,丢掉亲友,但个人的言论自由,以及由此带来的公众的知情权、他人的防范能力、他人的受教育机会都会大大提高。相比较之下,允许媒体报道,是更优的选择。

那么第三种方案呢?第三种方案在第二种方案允许报道的情况下,还作了一些限制,比如在有足够的事实基础上去报道,不捕风捉影,不猜测臆断,有些跟案情不相关的事实,不去报道,或者报道之后,在评价时,给他最基本的尊重,比如不将其贬为非人,这也是一个很好的方案,而且比第二种更好。因为它向名誉权保护作了一些让步,兼顾了个人的名誉权和他人的言论自由等各种权益。

从以上分析可以看出,像言论自由这样的个人权益,本身就是特别重要的利益,当它们与他人的名誉权针锋相对、无法避让,我们又没办法同时兼顾个人的名誉权和公众的知情权或他人的言论表达权的情况时,我们必须根据具体的情况,对两种不同的权利或利益进行衡量。当曝光某些人的行为、降低了某些人的外在评价和内在感情的好处大于其弊端的时候,我们就只能允许社会或他人,以此为代价让位于言论的自由。这就是我们说的名誉侵权的抗辩事由。

学术评论活动也是如此。学术批评是学术研究的一个方面,学术研究是先得研究,再去发表,发表中还会对其他人的观点作出评价甚至批评。所以学术研究也和言论自由一样,也应该作为名誉侵权的一个重要的抗辩事由。这一点也需要详细分析,这就是本章的内容——学术自由的价值和界限。

第二节 学术研究的自由及其特殊意义

学术自由或者学术研究的自由是指人们为了促进学术的进步,给予学术研究者开展科学研究、表达研究结论的自由。学术研究的自由可以作为名誉权的抗辩事由是指,即便人们在学术研究或者表达学术观点时伤害了他人的名誉,在一定的条件下也不承担名誉侵权责任。那么学术研究与言论自由有什么区别?为什么学术自由可以作为抗辩事由呢?我们来说一说。

一、学术研究自由与言论表达自由的差别

学术研究活动很多时候和言论表达活动是重叠的,所以将二者区分开来,是我们必须要做的工作。

我们要承认,学术研究自由与言论表达自由有重合。有学者将学术自由或者学术活动的自由分为三个方面:一是研究自由,二是表达自由,三是教学自由。[①] 在这三个方面中,第二和第三个方面和言论表达自由有重合。比如湛中乐教授认为,虽然在德国宪法上,学术自由和言论自由是并列的两种基本权利,但在美国宪法上,并没有规定学术自由,学术界将言论自由解释为包括学术自由在内。[②]

既然学术研究自由和言论表达自由有共通之处,那么有关言论自由的论证理由,也可以用来证明学术研究自由。比如根据王泽鉴教授的总结,言论自由对个人而言可以实现自我、沟通意见、追求真理;对社会而言可以监督各种政治或社会活动。[③] 这些理由也可以运用在学术研究自由的论证上。但是学术研究和言论表达毕竟还是不一样的,二者除了范围不同之外,还有专业和非专业的差别。

对此有学者认为,学术自由(特别是其中的"教学自由")和言论自由的区别,在于知识传播和政治意见表达的区别,"从教学自由和言论自由的主体、范围、内容和法律责任来看,教学自由属于专业知识表达的范畴而非政治表达的范畴,而言论自由是严格意义上的政治和意见表达。……教学自由的主体不是一般公民,而是掌握专门知识并从事知识创造与传授的精英"[④]。

---

① 参见谢海定:《作为法律权利的学术自由权》,《中国法学》2005 年第 6 期。
② 参见湛中乐、尹婷:《论学术自由:规范内涵、正当基础与法律保障》,《陕西师范大学学报(哲学社会科学版)》2016 年第 3 期。
③ 参见王泽鉴:《人格权的具体化及其保护范围·隐私权篇(下)》,《比较法研究》2009 年第 2 期。
④ 参见胡婧、朱福惠:《教学自由的宪法保障与限制——以教学自由与言论自由的区别为视角》,《高等教育研究》2015 年第 12 期。

一个是科学知识的创造和传播,一个是政治意见的表达,这就是学术研究和言论自由的最重要的区分。学术自由与言论自由相比有其独特的价值,我们必须单独来说明学术自由的价值。因此问题的关键是哪些言论是学术上的,哪些是仅仅具有新闻价值的。对当前发生的事实予以报道,当然属于新闻报道,但对历史事件的介绍呢? 很可能更具有学术的意义。所以在分析政论性文章的性质时,读者、作者、媒体的定位都是要考虑的因素。一些学术打假的文章,则更多的是从学术共同体的角度作出的学术评论,不是新闻报道。

二、为何将学术研究作为名誉侵权的抗辩事由

说完学术自由和言论自由的区别,下面进一步说说为什么将学术自由作为名誉侵权的抗辩事由。有关学术研究(包括学术观点的发表和讨论,下同)的价值,有一些是众所周知的,比如学术研究可以探索真理,发现规律。[①] 还有一些价值,学者们也进行了分析,比如学术自由具有维护人的尊严和人格发展的作用;[②]比如学术研究可以满足人们的好奇心,提供智力思考的快乐。这些论述当然有道理,笔者在这里将举例加以说明,并从其他学科(比如心理学)的角度作进一步的诠释。

1. 学术研究探索真理、改造自然的作用

学术研究的第一个作用是探索真理、改造自然。人类历史上出现过很多因为宗教原因,打压学术研究的事件,最典型的是将主张"日心说"的布鲁诺烧死,这被认为大大延缓了科学发展的脚步。在当今竞争日趋激烈的知识经济时代,学术自由对于提高国家的国际竞争力的作用和价值,已经超过以往任何时代。[③] 对于今日的中国来说,科技创新的意义更加重要。

---

① 参见周佑勇:《真假学术批评的含义及展开——从〈法学学术规范与方法论研究〉谈起》,《哈尔滨工业大学学报(社会科学版)》2017年第3期。
② 参见刘亚敏:《论学术自由的人本价值》,《教育研究》2014年第2期。
③ 参见王德志:《论我国学术自由的宪法基础》,《中国法学》2012年第5期。

前面说的是学术研究探索真理、改造自然的作用,我们还可以举一些例子来说明。比如我们了解了电磁感应的原理,就能发电;我们发现了空气动力学原理,就能够利用该原理,造出飞机,实现了上天的梦想;人类掌握电磁波原理,就能够长距离通信,打电话,发短信……这些都大大改善了人们的生活。可见学术研究对改造自然影响巨大。

以上是针对自然科学而言的,社会科学研究也是一样。我们知道文学、艺术欣赏活动能给人带来生理上的变化,比如激发多巴胺,从而产生快感。我们可以通过跳舞、唱歌,给自己和他人带来快乐。我们知道了交易对人类生产和消费的促进作用,就会更好地设计合同制度,让交易更便捷、更加高效。我们了解了人类天性,就会设计更多的法律制度,来限制人们滥用自由裁量权,以保证社会的稳定,经济的增长。这些都是学术研究给人类带来的好处。

2. 学术研究促进人格健康发展的作用

学术研究的第二个作用是促进人格的健康发展。学者们认为,学术自由有助于独立性文化的培育,并使个人达到人格的理想境界。[①] 不过对于这一点,还缺乏心理学上的说明。下面笔者结合一些心理学的研究来分析说明。

按照心理学研究,一个人若要培养健康的人格,必须要有心理上的内部对话。前面已经说过心理学上的自我理论,我们每个人心中都有两个自我,一个是"主我",代表自己的需求,一个是"客我",代表他人的看法。"客我"会不断给自己作出指示,你应该怎么做,而"主我"则会在这些指示当中选择、权衡,是遵从它的要求,还是响应内在的需要,经过"主我"和"客我"的内部对话,个人才能作出决定如何采取行动。

而关于内部对话,最重要的就是相互质疑、相互批评,这也正好是学术研究的精髓,学术研究就是对现有事实、观念、理论的分析、质疑,从而创造新的思想、新的理论。

---

① 参见刘亚敏:《论学术自由的人本价值》,《教育研究》2014年第2期。

3. 学术研究满足人们好奇心、提供智力思考的快乐的作用

学术研究的第三个作用是满足人类好奇心、提供智力思考的快乐。学术本身也是一种智力活动，会带来思考的快乐。如亚里士多德所指出的那样，"由于惊异，人们才开始哲学思考……一个有困惑和好惊异的人会感到自己无知，人是为摆脱无知而思考的，他们显然是为知识而求知，而不是为了其他实用的目的"①。这当然很容易理解。不过为什么学术研究可以产生快乐？由于学术研究的内容是探索未知、解释世界，认识了世界，了解了未知之后，我们就会获得掌控感、安全感。从进化的角度来看，人类生理上会激励从事这类活动，比如通过释放多巴胺等物质，激励人类持续采取行动。这就是学术研究给人带来快乐的原因。

三、学术方面的言论发表应有更高的要求

以上是学术自由的最主要的几个作用，从中我们也可以看出学术研究的重要意义。许多国家以宪法的形式来保护学术研究自由。最早在宪法上规定学术自由的国家是德国，后来更多的国家都在宪法中规定了学术自由，目前世界范围内约有23.9%的国家在宪法中规定了"学术自由"。我国《宪法》第47条也规定："中华人民共和国公民有进行科学研究、文学艺术创作和其他文化活动的自由。国家对于从事教育、科学、技术、文学、艺术和其他文化事业的公民的有益于人民的创造性工作，给以鼓励和帮助。"

更重要的是，由于学术研究具有上述多种价值，学术自由在保障力度和限制方式上还有许多特点，所以，学术自由在很多时候具有更多的自由，很多时候也受到更多的限制。比如对于学术自由保障，湛中乐教授研究发现，"美国法上存在色情和淫秽的区分，前者受到第一修正案的保护，后者则要受到法律的规制，不能通过主张言论自由免责。然而一个文学和艺术教师，在自己的课堂上研讨在一般情况下被反淫秽法所禁止的淫秽作品却会受学

---

① 参见张世英：《科学与伦理》，《江海学刊》2005年第1期。

术自由的保护"①。

在学术自由的限制方面,学术自由也和言论自由有所不同,受到更多的限制。对此,湛中乐教授举了两个例子:第一,在美国,教师不能在工作场所发表种族主义言论,但在《纽约时报》上发表种族主义言论不要紧;第二,不得滥用对专业人士的信任,只向他人表达一种偏向性的观点,必须公允地介绍与之相反的其他观点。比如牙医不能要求患者摘除合金假牙、安装种植牙,这会增加患者的经济负担。②

总之,学术研究者在学术期刊发表研究成果比在其他公共媒体上发表言论,在某些方面享有更大的自由,在某些方面负有更多的义务。如果某种学术研究具有重要的价值,即便它在某些方面违背了公序良俗,也可以自由发表;而反过来,如果某种学术研究可能伤害他人的名誉,学术研究者在没有真凭实据的情况下,不能随便发表研究结论,否则就需要承担名誉侵权责任。不过以上所说的学术研究的价值,主要还是在宽泛的意义上理解的,特别是就自然科学的研究而言的,如果具体到作为社会科学的历史研究,它也同样有实际用途吗?这是我们下文要说的。

第三节 作为学术活动的历史研究的意义

前面说的学术研究的作用,比如改造世界、发展人格和满足好奇心,在历史研究中也是一样吗?的确很多历史研究者都提到了这些。比如有学者提到,历史研究具有求知和致用的作用。求知是指了解满足人们的好奇心;致用的方式有道德教化、国家治理、塑造群体认同、探索生活意义。③ 这里的塑造群体认同、探索生活意义,就是发展个人的人格;治理国家,就是改造

---

① 参见湛中乐、尹婷:《论学术自由:规范内涵、正当基础与法律保障》,《陕西师范大学学报(哲学社会科学版)》2016年第3期。
② 参见湛中乐、尹婷:《论学术自由:规范内涵、正当基础与法律保障》,《陕西师范大学学报(哲学社会科学版)》2016年第3期。
③ 参见李剑鸣:《论历史研究中的求知与求用》,《历史教学》2006年第2期。

世界;娱乐的功能,也就是满足好奇心。

一、塑造群体认同、探索生活意义

历史研究对我们认识、理解自身有重要作用。历史是对一个社会、一个群体过往生活的记录,它是一个社会、一个群体自我认知、自我意识的基础。举个例子,如果一个人失忆了,他不知道自己是谁,不知道自己与他人的关系怎样,别人怎样看待自己,丧失了自我意识,那么他将会无所适从,无法行动。一个民族也是一样,一个民族不了解自己的历史,就不能认识自己的现在,就不知道怎么行动。① 英国学者柯林武德明确地说:"历史学是'为了'人类的自我认识。……历史学的价值就在于,它告诉我们人已经做过什么,因此就告诉我们人是什么。"②

但是上述观点,也有许多人不认可。比如有人认为,历史没有真相,不可能做到发现真的历史,即便是刚刚发生的事情,大家看到的都是不一样的,不同的人有不同的认知。历史真相是否存在?这是历史研究的最根本问题。如果真相根本就不存在,那我们还谈什么认识真相呢?那么这里说的真相不存在的意思是,如同许多思想家所说的,所谓的客观存在,其实并不存在,它只是我们在头脑里建构出来的,因此不同的人会有不同的认识,比如对待全球化,有人将其看作经济增长的原因,有些人则认为它带来了贫富差距。所以德国思想家尼采才说:"没有事实,只有阐释。"意大利学者克罗齐也说:"一切历史都是当代史。"诠释学理论的奠基人伽达默尔指出,理解是客观和主观视域的融合,是认识对象和认识主体之间的共同作用的结果。最近一本很流行的书《后真相时代》,讲的也是这个道理。但是这种将客观现实完全相对化的观念太极端了。

首先,我们社会中有许多事物是大家有共识的,比如说北京是中国的首

---

① 参见李剑鸣:《论历史研究中的求知与求用》,《历史教学》2006年第2期。
② 参见[英]柯林武德:《历史的观念》,何兆武、张文杰译,商务印书馆1997年版,第38页。

都。虽然说"真理符合论"（我们所说的真理是符合客观实在的）可能存在问题，或许并没有一个客观实在的东西一直存在于某一个地方，但只要我们能够共同承认某一些认识是存在的，我们承认某一些观念是正确的，那么我们也能够得到一种真理。这就是"真理共识论"。

其次，很多时候哪怕是虚构的东西，只要大家能够相信它，它对我们来说也有用处，我们也可以将其视为现实。比如古代相信的神灵，再比如公司、法人等一些法律概念，以及凝聚社会共识的民族、国家等观念。有了它们，不同的人和人群社会能够集聚在一起，合作共赢，而不是无止境地争斗。总之，即便不同的人有不同的观点，我们也能得出客观现实。只要大家都相信，哪怕是虚拟的事物，也可以作为现实，现实是否存在，很多时候是建立在大家的共识上。

最后，对这一规律的揭示，给人类带来的不只是困扰，也有一定的启示。我们认识到世界上并没有一个亘古不变的真相，而只有从不同的视角看到的不同的事实。我们可以通过多多听取他人的意见，将不同的意见凝聚起来，形成共同的认识，寻找共识。总之，认识到人类认知的界限，会让我们更容易避开这种限制，真相也就会在交往中呈现出来。为了更快地作出决策、采取行动，我们有时候只能暂时作出妥协、达成共识。其他的细节问题，我们只能在未来的时间里一步一步优化，达成更大范围的共识。

对于历史研究而言，问题也是一样的，在没有真相可以还原的情况下，历史研究要做的是给世界展示各种各样的解释角度，帮助我们达成更大范围的共识，而不能说因为没有绝对的真相，我们就不需要进行历史研究了。

二、治理国家、改造世界

我们说历史研究的作用是治理国家、改造世界。了解历史能让我们吸取教训，发展经验，更好地趋利避害。就像人一样，人能从自己的成长中得到经验教训，曾经的成功经验能给我们带来自信，曾经的失败经历也能让我们避免重蹈覆辙。国家也是一样，我们作为中国人，也能从自己独特的历史中学到经验。

此外,作为人类,我们不但能认识自然规律,改造自然,还能通过对社会的认识,影响社会,改造社会。历史研究就有这样的功能,对历史上的人如何行为、行为产生什么结果的认识,能让我们懂得改善社会管理的方法,达到影响社会的目的。可以说历史就是人类行为的实验场,不同国家的历史,就是不同国家的人的试验场,认识了历史,也就了解了未来,也就能更好地设计未来。① 中国人说"鉴往知来""历史是一面镜子"等等,都是这个道理。

不过说到这里有一点还需要说明,就是有学者认为历史没有规律,认识历史对于解决实际问题没有作用。这么说是因为人类具有自由意志,其行为是具有能动性的,人类不同于自然界的动植物、无机物。但是,这种说法也不是绝对的。因为即便人类具有自由意志,可以随时改变个人的决定,但人类的某些行为还是有规律可循的,比如心理学研究得出的一些规律(如从众心理、服从权威心理)、语言学研究发现的规律(如语言的自组织系统)、管理学研究发现的规律(如二八定律)。这些规律是各个领域的科学家经过反复观察和思考总结出来的,不能说是完全没有规律可循的。

我们可以从历史的演进中发现规律,然后用这些规律建设社会、改造社会,就像人类对自然规律的认识和利用一样。对历史的研究,就是对前人如何行为、行为产生什么结果的认识。认识到了这样一些规律,我们就能够找到改革社会的方法,达到影响社会的目的。

三、满足好奇心、娱乐大众

历史研究具有娱乐大众的作用。这和前面说到的学术研究给研究者自身带来快乐不一样。这里的意思是学术研究不但能给研究者带来求知的快乐,也能给学术研究成果的读者带来一种吸收新鲜观点的快乐。② 历史具有娱乐大众的作用,这一点为很多人所忽视。与一般的学术研究相比,历史

---

① 参见何哲:《公共治理研究:历史为什么是重要的?》,《中国行政管理》2020年第6期。

② 参见李剑鸣:《历史研究中的求知与求用》,《历史教学》2006年第2期。

研究在这个方面的作用更加明显。大众爱看历史正剧就是其中的一个例证,说明了解历史,能给个人带来快乐。

四、对历史研究之副作用的担心

以上说的是学术研究的价值,它可以作为名誉侵权的抗辩事由,也就是说为了学术的发展,我们有时候不得不牺牲人们的名誉权。但是有人会提出,历史研究也是很危险的。

首先,我们要知道从社会心理学上讲,思想是由情境(环境)决定的,不完全是他人影响的结果,即便接触不到某种思想,某种思想本身也会产生。这是因为思想很多时候是有生物学根据的,它开始可能就是一种感觉,然后才能形成思想。前者是感性认识,后者是理性认识,但是后者受前者的影响非常大。

其次,思想本身也是五花八门的,甚至是相互竞争的,人们需要在不同的思想之间作出选择。好的教育是让人暴露在不同的思想中,让他自己选择;而不好的教育是只给他某种思想,不让他选择,可是缺乏选择能力,也会让某些人面对错误的思想,一下子不能自拔,失去抵抗能力。面对不好的选择,要有抵抗能力,才能够抵御住不良思想的影响。所以使人接触不同的思想,然后让他产生选择能力,是我们必须要做的工作。

最后,即便某些人受到了危险思想的影响,要将这种思想落实为某种行为,还要很多的条件。想到什么和把想到的付诸行动,中间还有很多的环节,人们会考虑行为的后果,计较利益得失,没有成功的可能性的话并不会被付诸行动。这和我们前面讲到的原理是一样的,每个人心里都有两个自我,一个是本我,一个是客我,后者能起到限制前者的作用。举例来说,前者看到别人的食物,就想吃一口,后者则会从中阻拦,告诉他这不是正当的行为,吃了以后会有多少不良后果。这里面的种种考虑,都会阻止人们将不好的思想付诸行动。从这一点也可以看出,即便说某种思想是错误的,我们也不必过分担心,将其隔绝起来,不让人接触。

说到这里,我们已经说完了学术研究以及历史研究的重要意义。既然学术研究、历史研究和个人的名誉权同样重要,那么当它们正面对抗,无法相让的时候,我们该怎么办呢?最好的办法是权衡利弊,抓大放小,视情况而定优先保护哪一方利益。这就是我们为什么将学术研究作为名誉侵权的抗辩事由。至于有没有什么方法来确定谁先谁后,笔者将在后面的章节具体讨论。

第四节 从德性伦理学看学术批评的价值与界限

以上说的是学术研究以及历史研究的意义,主要是从权利理论(自由主义)和效果方面(功利主义)进行的分析。下面我们进一步从德性伦理学的角度来看一看学术批评和学术自由的意义和界限,这一点在学术界还未被其他学者认真讨论过。下面笔者先介绍一下学术界对德性伦理学的认识,然后再通过这个理论来看看学术自由的意义和界限。

一、伦理学与德性伦理学

根据学者们的介绍,德性伦理学(virtue ethics)是伦理学或道德哲学的术语,但在法学领域也有其适用范围。[①] 西方哲学将伦理学(何为善、何为恶的学问)分为三大类:德性论、道义论(deontology)和结果主义(consequentialism)。德性论就是德性伦理学。

通过比较,笔者觉得,三者的区别简单来说就是,德性伦理学从个人品德(德性)的好坏出发来判断其行为的对错,品德好的人动机是善良的,品德

---

① Lawrence Solum、王凌皞:《美德法理学、新形式主义与法治——Lawrence Solum 教授访谈》,《南京大学法律评论》2010 年第 1 期;吴冠军:《认真对待德性:自由心证的法理学再探讨》,《探索与争鸣》2015 年第 5 期;童建军:《当代西方德性法理学及其中国意义》,《华中科技大学学报(社会科学版)》2016 年第 4 期;谢小瑶、张城璐:《德性法理学视角下的法官义务》,《法治社会》2021 年第 4 期。

坏的人动机是邪恶的,关心别人、考虑别人、帮助别人才是好的品德。与德性伦理学不同,义务论和结果主义则是根据规则来确定行为的对错,所以二者合起来又称"规范伦理学"。具体来说,道义论也可翻译为"义务论",它是由康德首创,以行为人是否遵循一定的义务来衡量这个行为的对错。而结果主义最早源于约翰·密尔(John Mill),它是根据某一行为所能产生的结果来确定该行为对错的思维方式,结果主义最主要的代表是功利主义。

我们还可以用美国政治哲学家桑德尔的话作一个学术性的介绍:"迄今为止,我们已经探索了三种公正进路:第一种认为公正意味着使功利或福利最大化——为了最大多数人的最大幸福。第二种认为公正意味着尊重人们选择的自由——或者是人们在自由市场中所作出的实际选择(如自由至上主义者们的观点),或者是人们在平等的原初状态中,所可能作出的假想的选择(如平等主义者的观点)。第三种进路认为,公正涉及培养德性和推理共同善。正如你们所料,我支持第三种理论进路。"①

二、德性伦理学如何看待学术批评

以上的说法比较抽象,拿本书所说的学术批评活动来说,某人觉得别人的研究不好,要批评一下,他能够批评吗？比如他能说"这是天底下最差劲的文章",甚至"这是一坨屎"吗？按照结果主义(特别是功利主义)的说法看,假如我们的批评能够让科学研究发展得更好,我们就可以批评,比如能让学术的错误得到更正,让学术假冒行为无法存身,让优秀的作品发扬光大,那我们就可以如此说话。

而按照道义论或义务论的角度来看,批评的言论如果符合一定的标准,比如康德说的"普遍化标准"(每个人都可以这么说话,这么说话能够成为普遍的规则)、"目的公式"(永远将他人视为目的而不仅仅是手段的原则)、"自主原则"(尊重他人的自由、平等等权利),那它就是合适的言论。当然,当不

---

① [美]迈克尔·桑德尔:《公正:该如何做是好?》,朱慧玲译,中信出版社2011年版,第295页。

同主体的不同权利发生冲突时,比如这里说的学术自由和名誉权,我们还需要作进一步的衡量和协调。

最后按照德性伦理学,批评者要能够关心他人、照顾他人、帮助他人,甚至谦虚谨慎、戒骄戒躁,抱着"三人行必有我师"的态度向他人学习。这时候我们或许不但不能批评,反而要表扬,只有这样,我们才能是个有德行的人,我们的行为才符合德性伦理的要求。

德性伦理学是18世纪之前的伦理学的主流,在18、19世纪经历过一些衰微之后,在20世纪中期又开始复兴,目前比较重要的一些学者有麦金泰尔、桑德尔等。①德性伦理学之所以流行,是因为道义论和结果主义的规范伦理学主导下的社会出现了许多非常糟糕的事情,简单说就是规范伦理学过多强调规范伦理,更强调最低的行为规范,遵守最低的规范就够了,对一个人的做人方法、一个人的品行提高缺乏指导,导致社会责任缺失、道德水平下降、社会风气败坏、两极分化严重、黄"赌毒"流行等恶劣的社会问题。

桑德尔在《公正:该如何做是好》一书中说:"随着不平等的逐步加深,富人和穷人的生活会进一步分离。富人们将孩子送往私立学校(或者是在富裕郊区的公立学校),而将城市里的公立学校留给那些没有其他选择的家庭的孩子。类似的趋势导致了那些由于其他公共制度和设施的特权而产生的分离。私人健康俱乐部代替了市政娱乐中心和游泳馆;高档住宅区雇用私人保安,因而较少地依赖于公共警察的保护;人们所拥有的第二辆或第三辆车,消除了人们对公共交通工具的依赖;如此等等,不一而足。"②正是在这一背景下,人们开始回过头来审视德性伦理的重要性,德性伦理重视个人品德的提升,重视人与人之间的团结义务。

德性伦理学所谓的德性或者说品德,我们中国也有过类似表述,孔子认为要爱人(仁者爱人),要帮助和宽容他人("忠恕"),要"温良恭俭让""仁义礼智信"。古希腊的亚里士多德认为人应该慷慨、勇敢、节制等,最重要的是

---

① [美]迈克尔·桑德尔:《民主的不满:美国在寻求一种公共哲学》,曾纪茂译,江苏人民出版社2008年版;杜宇鹏、李含阳:《道德的基础何以可能——兼论麦金泰尔德性伦理思想》,《黑龙江社会科学》2021年第6期。

② [美]迈克尔·桑德尔:《公正:该如何做是好?》,朱慧玲译,中信出版社2011年版,第301—302页。

要符合中道,"过和不及"都不好。① 总之,善待他人、约束自己、利他主义就是美德,而那些有悖于这些美德的行为,如剥夺他人生命、健康、财产、名誉的,就是恶的行为。

需要注意的是,根据美国学者布伦科特的分析,美德伦理学不仅是古代哲学和中世纪宗教社会所坚持的伦理学,也是马克思主义的伦理基础,马克思批判资本主义将个人变为商品,把个人培养的技艺用金钱来标价,他反对剥削,谴责自私,这些都是主张德性伦理学的体现。② 布伦科特还引用美国法学家富勒的观点——道义论(或义务论)是一种资本主义的伦理,用以说明马克思反对道义论,而主张德性论。③

德性伦理学,也一直影响着法律的建设,而且也应该对法律作出指导。在古代社会,德性伦理学要求法律作为一种制度,要努力塑造人们的善良品质。中国社会有"出礼则入刑"(认为违反伦理的行为就应该绳之以法)、"引经决狱"(以儒家经典来裁判案件);西方社会有宗教法,宗教参与立法和执法。有学者提到,德性伦理学的培养、教育人的制度和法律不一样,但也是有关的,主要是名誉、责任和信任。④ 简单来说就是靠表扬嘉奖(名誉)、激发责任(责任)和相信依赖(信任)等机制,让人们从心底里培养出自我反省、追求完美、担当责任的意识。

用德性伦理来审视学术批评活动,和我们前面谈到的学术批评对科学发展、个人成长的作用不同,这里要考虑的是学术批评对于参与者的德性的呈现和推进的作用,也包括我们该如何通过学术批评来发展个人的德性。从古代德性伦理学来看,探讨人们在评论他人时有什么样的自由或者空间是很难让人理解的,当代中国人从小到大受到的教育也不是这样的,批评别人时如何保持克制,如何掌握分寸,如何培养自己的品德,才是更重要的课

---

① 魏奕昕:《亚里士多德论实践智慧的统一和道德德性的统一》,《哲学动态》2021年第12期。

② George G. Brenkert, *Marx's Ethics of Freedom*, Routledge & Kegan Paul, 1983, p. 263.

③ Lon L. Fuller, *The Morality of Law*, Yale University Press, 1973, pp. 6-11.

④ Irene van Staveren, "Beyond Utilitarianism and Deontology: Ethics in Economics," *Review of Political Economy*, vol. 19, 2007(1), pp. 21-35.

题。从这个意义上说,学术自由的价值中还有一个重要的方面,就是通过这种活动培养和呈现个人的品德。

从德性伦理学来看学术批评,也包括其他的批评活动,我们需要重视的是学术批评应该培养或呈现什么样的一种品德?可以想见的是,对于批评者而言,德性伦理肯定会要求人们以"三人行必有我师"的态度向他人学习,如果要批评,也应该在批评的时候,先予以表扬,表扬之后再委婉地指出缺点,而且还应该谦虚谨慎地说出来,要留有余地,用一种客套的方式说出来,比如可以说"不是我批评您",或者"也许是我误解了您""以下是我的一己之见,仅供参考""不当之处敬请谅解""鄙人才疏学浅,妄加评论,见笑见笑",等等。用这样的方式来批评,才符合德性伦理学要求。而作为被批评者,我们也应该抱着虚心请教的态度,诚心诚意地接受他人的意见,要不断反思,常常自省,要说"鄙人的思考还不够成熟,希望各位专家的批评指正"——这不该是客套话,而是发自内心;我们或许需要对别人的意见洗耳恭听,对别人的教诲虚心接受,而不是一听到别人的批评,就直接抵制。在这样一种心态和行为当中,学术批评才能够达到培养个人美德的目的,这就是我们说的学术批评所具有的培养德性的功能。

三、德性伦理学如何对待权利冲突

如果遵循德性伦理来裁判案件,当批评者和被批评者发生矛盾时,法官可能真的要像古代社会的贤者在裁判邻里矛盾时所做的那样,对原告被告各打八十大板,然后责令两方回去反省。法官或许会说,好的公民应该"让",而不该"争",各退一步,海阔天空。这都是从更高的品德来要求人们了。就如同费孝通先生在《乡土中国》中说的:"在乡村里所谓调解,其实是一种教育过程。……他的公式总是把被调解的双方都骂一顿:'这简直是丢我们村子里脸的事!你们还不认了错,回家去。'"①

不过在这一点上,区分法律和道德(特别是德性伦理)也是有必要的。

---

① 费孝通:《乡土中国》,北京出版社2004年版,第80页。

就像德国思想家康德说的,"法律涉及人的意愿的外在表现,道德涉及人的意愿的内在动机";黑格尔说,"法律是可能的(即在外部行为上可能实现的)义务,道德是内在的义务";耶利内克说,"法律是最低的道德,应避免'伦理上的奢华'";①以及富勒最为人所熟知的说法,"法律便是义务的道德最近的表亲,而美学则是愿望的道德最近的亲属"。② 也就是说法律只要求最低的道德,而不奢望过高的道德。

相比之下,涉及个人内在动机的、追求更高伦理标准的道德建设,得采取其他社会机制——如前述的名誉、责任和信任等来落实。所以,中国古代的儒家学说一直主张人的品德不是惩罚出来的,而是以引导、教化、以上率下的方式感染出来的。《论语·为政篇》就有:"道之以政,齐之以刑,民免而无耻。道之以德,齐之以礼,有耻且格。"

之所以如此,并不是像分析法学家所说的,法律是道德无涉的,二者可以截然分开,笔者认为道德(比如德性伦理)当然会影响到法律,但要注意的是,这种影响也需要考虑法律的固有特点,比如法律规则要求一般性、不溯及既往、明确性、不矛盾、稳定性、可行性等。③ 如果证据难以采信、规则难以精确、规范难以推行,便只能放弃对更高道德品质的追求。就像见义勇为,它虽然是人人追求的美德,但法律很少强制每个人都见义勇为,因为我们担心这样要求可能让人们牺牲自己的生命。所以,美国社会学家帕森斯说:"法律如果被用作执行整个道德律,其代价也是很昂贵的。"

那么到底该怎么办呢?笔者认为,正确的做法还是将各种社会目标放到一起作衡量,比如将不同的德性建设目标,或者德性建设目标和法治建设目标以及其他社会目标,放在一起作利益衡量,以选出合适的行动方案,实现各种社会目标的最大化。举例来说,我们在讨论是否惩治危害社会安全的行为时,就要考虑,是以保证社会安全为目的,惩戒行为人(判处监禁或死刑),还是发扬宽恕的美德,原谅他人的错误。或者在遭到别人辱骂时,我们是发扬宽恕的美德,不跟他一般见识(以德报怨),还是发扬勇敢的品德,奋

---

① Roscoe Pound, *Law and Moral*, University of North Carolina Press, 1924, p. 103, 107, 110.
② [美]富勒:《法律的道德性》,郑戈译,商务印书馆 2005 年版,第 19 页。
③ [美]富勒:《法律的道德性》,郑戈译,商务印书馆 2005 年版,第 40—46 页。

勇抗争(以直报怨)？具体情况具体对待。

　　再说回到学术批评侵犯名誉权的案件，笔者认为我们一方面可以采取德性伦理的方法来分配责任和损失，引导人们完善品德，另一方面可以运用功利主义原理，来考察双方过错的多少，以计算侵权赔偿的数额。这时候，思考名誉权的抗辩事由，也即什么情况下可以免除名誉侵权的责任，是一个非常重要的问题。下一章我们将考察不同的国家针对名誉侵权规定了哪些抗辩事由。

第四章　名誉侵权的抗辩事由
——正当权利的行使

之所以要介绍名誉侵权的其他抗辩事由，是因为学术研究和发表作为抗辩事由，很多时候和其他抗辩事由，比如为保护自己、亲属、第三人利益而发表意见，是相互交错的。即便有时候我们不能将某种情况归结为学术自由，但如果言论的发表是为了别的正当目的，我们也可以将其归为其他抗辩事由。如果我们不对这些抗辩事由有一些全面的了解，就难恰当地处理名誉侵权纠纷。

此外，我国学术界对学术自由之外的其他抗辩事由，也缺乏一个具体的、详尽的介绍，许多讨论都局限于个别方面，特别是对不同国家的抗辩事由还缺少一个横向的比较。这会让我们对名誉权的保护出现畸轻畸重现象，要么是为了保护名誉权，不顾个人之间的信息流通，要么是放任信息的自由流通，而不在乎个人的名誉、尊严的保护。因此本章对名誉侵权的其他抗辩事由，作一个篇幅较长的介绍，将分不同的国家来逐一介绍。

第一节　美国法上名誉侵权的抗辩事由

美国法上名誉侵权的抗辩事由，除了学术自由之外，学界提及最多的是言论自由，也就是说在美国，新闻媒体对于公共事务的讨论，可以作为名誉侵权的抗辩事由之一。即便媒体发布的信息是错误的，只要媒体不是故意发布错误信息，或者不是毫不在意信息是否错误，就不承担名誉侵权的责任。这方面最常被人提起的案件就是"《纽约时报》诉苏利文案",国内学者的介绍也非常丰富,这里不作展开。① 这种抗辩事由被称为宪法上的特权(Constitutional Privilege)。本书要介绍的是美国法从传统的普通法中继承下来的名誉侵权的抗辩事由,这一点学界介绍很少,且不很系统。② 下面将逐一介绍。

先简单说说权利人同意,这已是名誉侵权的抗辩事由之一。举例来说,采访对象同意报道某一项事实,即便后来该事实造成了权利人的名誉损失,也不算是侵权行为。因为一面同意他人对某事的报道,一面又反过来指责他人报道侵权的情况并不多见,可能的情形是同意他人报道的事实与实际报道的事实不符,或者实际报道的事实超出了当时同意的范围从而引起名誉侵权纠纷。又因为同意是侵权责任和违约责任等诸多法律纠纷共同的抗辩事由,被害人同意能豁免许多法律责任,除非行为人对某些特别重要的、不能放弃的利益(比如人的尊严和自由)作出处分。因此,后面介绍的许多国家就不把"同意"当作名誉侵权单独的一种抗辩事由。

还有一点要说明的是,个人发表言论除了在事实上容易引发争议之外,许多言论是在事实的基础上所发的评论,这些也容易引发争论。美国法对基于事实的评论,态度非常宽松,即便存在一定的侮辱谩骂,也豁免其名誉侵权的责任。因此笔者将"正当评论"也作为名誉侵权的抗辩事由。那么除了"同意"之外,美国法中对名誉侵权的抗辩事由就可以分为四种:口头诽谤的豁免、绝对豁免、相对豁免和正当评论的抗辩。下面笔者根据美国学者爱德华·J.柯恩卡的论著,从四个方面来谈谈美国法上的抗辩事由。

---

① 秦前红、王雨亭:《论我国宪法言论自由条款在司法判断中的运用——基于295份名誉权纠纷判决书的分析》,《苏州大学学报(法学版)》2020年第1期;徐东:《司法视野中言论自由的边界——兼评两高〈关于办理利用信息网络实施诽谤等刑事案件适用法律若干问题的解释〉》,《法律适用》2014年第5期;李大勇:《谣言、言论自由与法律规制》,《法学》2014年第1期。

② 参见杨立新:《论中国新闻侵权抗辩及体系与具体规则》,《河南省政法管理干部学院学报》2008年第5期;姜战军:《中、英名誉权侵权特殊抗辩事由评价、比较与中国法的完善——兼评英国〈诽谤法案2013〉对名誉权侵权特殊抗辩事由的改革》,《比较法研究》2015年第3期;岳业鹏《英国诽谤法的抗辩体系:传统构造与最新发展——以〈2013年诽谤法案〉为中心》,《求是学刊》2015年第5期。

一、口头诽谤的豁免

没有造成实质性伤害的口头诽谤,在美国可以作为名誉侵权的第一个抗辩事由。美国法中口头诽谤和书面诽谤是有区别的。如果是书面诽谤,则不需要受到实质性的伤害(身体和精神),就可界定为诽谤。如果是口头诽谤,则必须有实质性的伤害,才可以界定为诽谤,除非以下几种情况:(1)声称原告犯罪应该被监禁,或者原告做了道德上邪恶的事情;(2)声称原告患有性病或者其他令人憎恶的、有传染性的疾病;(3)声称原告采取了某种行为,或者具有某种特点,或者处于某种状况,从而不适合从事某种业务、生意、职业或者职位;(4)声称原告不爱惜贞操或者其他性生活上严重不检点。在这几种情况中,虽然是口头诽谤,且没有实质性伤害,行为人也需要承担侵权责任。另外,不需要证明存在实质性伤害的诽叫作"本身可诉的口头诽谤"(slander per se),而需要实质性伤害作为证据的诽谤,则叫作"造成伤害的口头诽谤"(slander per quod)。这是第一类抗辩事由。

二、绝对豁免

名誉侵权的第二个抗辩事由是绝对豁免。所谓绝对豁免,也称无条件的豁免,它是与相对豁免也即有条件的(qualified)豁免相比较的。前面我们已经说到过,为了保证人们履行自己的义务,行使自己的权利,就必须要容忍一些损害他人名誉的行为。

比如在举报他人犯罪时,损害到他人的名誉,如果最后证明不构成犯罪,是不是就要对举报人治罪呢?这是一个很难回答的问题。如果惩治错误举报者,就会挫伤人们举报的积极性,人们不敢发言,犯罪就更难被发现。而如果完全放任不负责任的举报,也会导致捕风捉影甚至栽赃陷害的情况发生。绝对豁免和相对豁免可以解决这个问题。

如上所述,绝对豁免是无条件的豁免,也就是不管发言人出于什么样的目的,发表了什么样的言论,他都不为自己的言论承担名誉侵权的责任。绝对豁免的内容有哪些呢？在美国,它主要包括立法、执法、司法活动中发布的信息,还包括夫妻之间发表的诽谤对方的信息、媒体发表官方签发的公告。① 在这些活动中,美国法不仅允许人们发布真实的消息,还允许人们毫不在意地发表言论,甚至允许捏造信息。总之,在上述情况下,即便行为人发布了假消息,也不负有名誉侵权责任。

美国法这么做的理由,是认为言论的随意发表对于发现事实、澄清错误非常重要。他们认为如果人们能在这些活动中自由发表言论,那么社会事实就能够及时澄清,这也是民主政治的一个重要优点。不过这么做会滋生很多问题,如某些人曾经批判过的,许多想要参加选举的人,就不得不冒着被人构陷的风险（一下子冒出三四个私生子的情况）,最后不得不放弃竞选。

三、相对豁免

名誉侵权的第三个抗辩事由是相对豁免。相对豁免中的相对（qualified）,也可以翻译为有条件的。具体来说,"相对豁免"是指除非可以证明言论发表人故意编造虚假信息,或者毫不在意地发布虚假信息（"实质恶意",actual malice）,否则发言人不承担名誉侵权的责任。总之,只要不存在"实质恶意",就不承担名誉侵权责任。

"实质恶意"这个词也可以翻译为"真正恶意""实际恶意",意思是行为人的恶意是切切实实的、有证据证明的,而不是表面的、值得怀疑的。这个恶意不仅包括直接故意（knowledge）,也包括间接故意（reckless disregard）,因为英文中的"reckless disregard"的意思是对于事实的真实与否,完全不在意。

举例来说,有人故意拿刀砍人,是直接故意,属于"实质恶意",而拿刀在公交车上随意挥舞,就是毫不在意他人的死活,就是间接故意。对于名誉侵

---

① 参见[美]爱德华·J. 柯恩卡:《侵权法（美国法精要·影印本）》,法律出版社1999年版,第390—396页。

权也是一样,知道某人没有犯罪而举报他犯罪,就是直接故意地毁损他人的名誉;而不管某人有没有犯罪,就随意举报他人犯罪,那就是间接故意,也是实质恶意。

实质恶意是美国法判断言论发表有无伤害个人的外在名誉时,在心理层面上确立的原则。该原则说的是,当媒体或者个人发表言论,涉及某个公众人物,或者某个公共事件时,即便说的内容不是真实的,存在虚假成分,但如果言论发表者不是为了整垮某人,不是要恶意栽赃陷害,他们也不承担法律责任,不作为名誉侵权看待。这就是实质恶意原则。

这是许多学者都提到过的,许多书和文章都有介绍。① 不过需要注意的是,"实质恶意"和其他原则比如过错责任原则的区别,往往不为学者们所注意。过错责任原则是我国侵权法采取的原则,意思是"不明知或不应知"所述事实为假,就不构成名誉侵权。② 那么实质恶意原则与该原则的区别在哪里呢?

我们先来看看"实质恶意"是什么样的一种心理状态。按照美国侵权法学者爱德华·柯恩卡在《侵权法》一书中的介绍,实质恶意原则包括两种心理状态:一是明知事实不真实还要公布,二是对事实的真实性毫不在意(reckless disregard)。③

首先,明知信息虚假仍旧发布,按照法律原理是直接故意。因为法律上的过错分为故意和过失,故意又分直接故意和间接故意,直接故意是指行为人"明知自己的行为会发生危害社会的结果,并且希望这种结果发生的心理状态"④,与明知信息不真实仍旧发布的"实质恶意"完全相同。

其次,对事实的真实性"毫不在意",按照法律原理是间接故意。因为间接故意是指行为人"明知自己的行为会发生危害社会的结果,并且放任这种

---

① 参见李颖:《网络侵犯名誉权案件的审理思路和主要问题——以方舟子与崔永元互诉侵犯名誉权案为例》,《法律适用》2017年第10期。

② 参见陈道英:《我国民事判决中宪法言论自由条款的解释——以2008—2016年103份民事判决为样本》,《华东政法大学学报》2017年第1期。

③ 参见[美]爱德华·J.柯恩卡:《侵权法(美国法精要·影印本)》,法律出版社1999年版,第388页。

④ 参见张明楷:《刑法学(第四版)》,法律出版社2011年版,第237页。

结果发生的心理状态"①。放任就是满不在乎,与毫不在意的"实质恶意"没有区别。

最后,对事实的真实性"毫不在意",也不是"过失"。过失和故意相对,是过错的一种,包括疏忽大意的过失和盲目自信的过失。前者是指"应当预见自己的行为可能发生危害社会的结果,因为疏忽大意而没有预见,以致发生危害结果的责任形式";后者是指"已经预见自己的行为可能发生危害社会的结果,但轻信能够避免,以致发生这种结果的责任形式"。②"毫不在意"的实质恶意不同于疏忽大意的过失。因为疏忽大意是本身应该预见到,但没有预见到,"毫不在意"是已经预见到了,但是不在意、无所谓,所以二者是不同的。"毫不在意"也不同于"盲目自信的过失"。盲目自信的过失一般是行为人意识到了行为的危害后果,但轻信能够侥幸避免,其本质上对于危害后果的发生还是心存担心的,而"毫不在意"是对于危害后果的发生是满不在乎的,所以二者也不同。

这样看来,"实质恶意"等同于我国法律理论所说的间接故意责任。不过对于美国法上的"实质恶意",特别是其中的"毫不在意",有学者将其解释为"重大过失"。③ 这对不对呢? 笔者认为,二者也是不一样的。"重大过失"是相对于"一般过失"而言的,它是指行为人"不但没有注意到其身份或职务上的特别要求(一般过失),而且未能预见和避免普通公民均能预见或避免的对他人的可能的损害,即没有达到法律对一个公民的起码要求"④。也就是说一般人都能预见到的危害结果,行为人都没有预见到。"如果行为人尽了一定的努力,但因知识欠缺,经验不足,能力有限而造成侵权,不能认为是重大过失。"⑤可是不管是一般过失,还是重大过失,都是过失,是疏忽大意,而不是故意,它都是指应该预见而没有预见,而不是已经预见却毫不

---

① 参见张明楷:《刑法学(第四版)》,法律出版社 2011 年版,第 243 页。
② 参见张明楷:《刑法学(第四版)》,法律出版社 2011 年版,第 264—267 页。
③ 参见靳羽:《名誉侵权"过错"要件的比较研究——基于我国大陆和台湾地区典型判例的分析》,《比较法研究》2015 年第 6 期。
④ 参见姜明安:《行政法与行政诉讼法》(第三版),北京大学出版社 2007 年版,第 712—713 页。
⑤ 参见胡建森:《行政诉讼法学》,法律出版社 2003 年版,第 300 页。

在意。可见"实质恶意"不同于"重大过失"。

以上我们花了很长的篇幅,论证了美国法上的"实质恶意"原则相当于我国的故意责任(间接故意)。所以在美国法上,名誉侵权的相对豁免就是指,在不存在直接故意和间接故意的情况下,某些言论发表行为不承担名誉侵权责任,具体情形如下:

(1) 为保护发布人自己的权利,向原、被告之外的第三人公布某些信息。这些权利包括:① 任何商业或者经济的利益,除了打败竞争对手,获得顾客的利益;② 人身安全;③ 土地、动产、无形资产;④ 家庭;⑤ 自己的名誉。而且这种豁免要满足以下条件:① 当事人相信这些信息影响自己的利益;② 这些信息同时对其他信息接收者也有帮助。要注意的是,如果损害他人名誉的信息是错误的,就要权衡原告的名誉权与被告的上述利益之间的轻重程度。

(2) 为保护原、被告之外的第三人的利益,向该人公布某些信息。比如:① 受托人(受他人委托做某事的人)不履行自己的义务,第三人向委托人举报这种行为,即便是名誉毁损,只要不是"实质恶意",就也无须负民事责任。② 向官方报告某人有犯罪行为,即使举报出错,也不算名誉侵权。③ 信用评级机构的报告。这些报告可以给企业和居民提供一定的投资参考。这些报告即便有错误,也不算侵权。④ 同业公会成员之间的交流,即使侵犯了某些人的名誉,也不算是侵权。⑤ 向企业的老板报告其员工或者即将录用的员工的行为和特性。这种行为即使伤害名誉,也不要紧,这是企业管理、员工考核所必需的行为。⑥ 和亲密的朋友交流,如果对方问起自己家庭成员的问题,即便说出的内容有一定的错误,也不要紧。为保护第三人利益而享有豁免的前提条件是:① 上述信息对第三人的利益非常重要;② 被告有义务向第三人公布该信息,或者即便没有义务,也是以一种人们可以接受的体面的方式公布这些信息。这里所说的"体面的方式",主要是指以下几个因素:(a)信息的公布是否是由第三人申请的,还是主动作出的,或者(b)信息发布者和接受者之间是否存在家庭关系或亲属关系。

(3) 为保护与被告有共同利益(common interest)的第三人,被告与第三人之间交流有关原告的信息。比如商业上的伙伴可以交换他们的雇员或者其他人的信息;宗教组织、兄弟会或者慈善组织的成员,可以讨论慈善组织的管理者或者该组织成员的资格问题。总之,如果信息交流双方具有共同利益,双方可以共享某些信息,尽管可能造成其他人的名誉毁损。

(4) 在家庭关系中相互交流信息。该豁免的条件是,被告有理由相信:① 这些信息的公布可以保护被告最亲密的家庭成员的利益。② 这些信息的公布可以保护信息接收者或者第三人的最亲密的家庭成员的利益。比如被告告诉自己的妹妹,他看到她的丈夫有外遇,即便此事最后被证明是虚假的,也不算侵权。

(5) 为了公共利益,公布某种信息。比如向国家机关举报某人犯罪或者准备犯罪,或者举报某官员存在不法或不称职行为,即便该举报有错,也不算是名誉侵权。

(6) 高级政府官员有绝对的豁免权,比如美国联邦政府官员、州政府官员;而低级别的官员,地方政府官员,则只有相对豁免权。

(7) 对一个群体的名誉侵权,也可以得到豁免。因为在美国,实务界认为针对某一个群体的诽谤言论,不足以伤害到特定个人的名誉。比如有人说整个小镇的医生全是骗子,并不构成针对个人的名誉侵权。① 这虽然不是典型的抗辩事由,但笔者为了方便理解,也将其看作名誉侵权的抗辩事由之一。

四、正当评论的抗辩

名誉侵权的第四个抗辩事由是正当评论的抗辩。美国法上对待侮辱性言论的做法是,以言论自由为由豁免它们的违法性。美国诽谤法(名誉侵权法)比较看重言论自由(包括学术批评的自由)的价值,即便人们对公众人物和公共事件作出的评价有些过激,甚至实施了侮辱、谩骂,也仍然不作为名誉侵权。我们可以从一个典型案例说起:在 R. A. V. 诉圣保罗案(R. A. V. v. St. Paul)中,几个白人把一个破桌子拆掉做成一个十字架,然后把它烧着,扔到一个黑人邻居的院子里,以表达他们对黑人的憎恨。受害人向法院

---

① 参见[美]爱德华·J. 柯恩卡:《侵权法(美国法精要·影印本)》,法律出版社 1999 年版,第 383 页。

起诉。案件最后上诉到最高法院,最高法院认为,虽然将烧着的木头扔到他人的院子里,是一种粗暴的(outrageousness)、具有攻击性的(offensiveness)的行为,而且根据所在州的法律这种行为也是违法的,甚至还可能触犯纵火罪(arson)以及侵犯他人财产罪(trespass),同时被他人辱骂、排挤也会给人带来极大的痛苦,但是只要该言论没有立刻引起"明显而即刻的危险",就不构成侵权,人们必须学会忍受这些痛苦。①

这么严重的伤害在美国不作为违法行为看待,其原因在于美国人认为人们遭遇侮辱、谩骂、嘲讽和冒犯时,可以选择反抗,选择忍耐,或者干脆走开;在一个多元的社会里,学会忍耐是一种重要的生活技巧,容忍不同意见是美国社会得以繁荣的前提条件;至于自尊心、名誉感的伤害,法院指出这些词语的含义太过宽泛,不足以作为法律上的准确概念;如果将它们作为法律术语,无异于让陪审团或者普通民众根据个人好恶去判决案件。② 这一点和前文提到的我国一些学者的观点类似,他们也认为个人情感的伤害太过主观,不足以作为判断是否存在名誉侵权的理由。③ 这是美国法对伤害名誉情感行为的态度。

以上是美国学者爱德华·J. 柯恩卡在《侵权法》一书中对名誉侵权的几种抗辩事由的介绍。从学理上看,笔者认为美国法上名誉侵权的抗辩事由可分为三个类型:为了公共利益的抗辩事由(言论自由的抗辩也属于此类)、为了本人利益的抗辩事由和为了第三人利益的抗辩事由。关于这一分类,日本宪法学家高桥和之在谈及基本权利的限制时也有采纳,也即为了自己的利益限制基本权利、为了他人的利益限制基本权利以及为了公共利益限制基本权利。④ 这一分类相对清楚,值得我们借鉴,以实现这一理论的条理化。

这几种抗辩事由虽然和学术批评的抗辩不很相关,但人们也可能在这

---

① Edward J. Eberle, *Dignity and Liberty: Constitutional Visions in Germany and the United States*, Praeger Publishers, 2002, p. 224.

② Edward J. Eberle, *Dignity and Liberty: Constitutional Visions in Germany and the United States*, Praeger Publishers, 2002, p. 208.

③ 张红:《民法典之名誉权立法论》,载《东方法学》2020年第1期。

④ 参见[日]高桥和之:《立宪主义和日本国宪法》,有斐阁2005年版,第119页及以下。

些抗辩活动中对他人的学术成果或学术水平作出评价,比如在立法活动中、在法庭上、在亲密的朋友之间或在亲属之间谈论或批评他人的学术成果或学术水平。若被认为侵犯名誉权,我们可以运用学术批评之外的抗辩事由来提出抗辩。而且,这些抗辩事由比如立法、行政或司法活动中的抗辩还具有更高的抗辩效力,就是说发言人享受绝对豁免,不承担任何法律责任,无论他是因为过失造成错误认识,还是因为故意而虚构事实。不过在这一点上,下文提到的英国法比美国法有更多的限制。下面我们来看看英国法上的名誉侵权的抗辩事由。

第二节　英国法上名誉侵权的抗辩事由

英国法上的抗辩事由和美国法类似,也大致分为绝对豁免、相对豁免、媒体的豁免等。

一、英国法上名誉侵权抗辩事由的类型和前提

英国法名誉侵权的抗辩事由,国内学者的介绍也比较凌乱,需要进一步总结归纳。举例来说,有学者认为英国法上的名誉侵权抗辩事由只有三种:事实真实、公正评论和免责事由(绝对免责事由和相对免责事由)。事实真实和公正评论不难理解,主要是新闻媒体在报道新闻事件时,要实事求是,要公正地评论,如果做到这两点,就不算是侵犯名誉权。而免责事由则需要说明一下,由于在英文中,免责事由和豁免的表述是同一个词"privilege",只是翻译有所不同,为了和前面一致,本书介绍英国法时也使用豁免一词,不过有时候为了引用,也会使用免责事由一词。免责事由主要是指为了保护公共利益,在立法、司法、行政等活动中,尽管行为人导致他人的名誉损害,也不作为名誉侵权看待。

此外,也有学者提出英国法上的抗辩事由有三种,但不是上述三种,而

是事实真实、绝对豁免和相对豁免，上述的公正评论不能作为单独的抗辩事由，而只是相对豁免的组成部分。还有学者认为英国法上的名誉侵权抗辩事由除了以上三种（事实真实、公正评论和免责事由）之外，还要加上"同意"，一共四种。另有学者认为，除了以上四种之外，"道歉"也是名誉侵权的抗辩事由之一，这样一来一共就有五种了。另外第三种抗辩事由"免责事由"又可分为两种，绝对豁免和相对豁免，加起来就有六种抗辩事由。还有学者虽然也同意六种抗辩事由，但认为这六种应该是如下的内容："真实"抗辩、"诚实意见"抗辩、绝对豁免和相对豁免（作者称之为"绝对特权和有条件特权"）、"公共利益事务的负责任发布"（responsible publication on matter of public interest）抗辩和"科学或学术期刊上同行评价陈述"（peer-reviewed statement in scientific or academic journal）抗辩。①

不过上述"responsible publication"就是新闻报道，也就是新闻自由、言论自由的抗辩。"负责任地发布"也不怎么准确，容易让人误解，翻译为"对公共事务负责任地报道"更好。至于到底如何分类，其实并不重要，重要的是哪些情况下可以免除名誉侵权的责任？哪些情况下发布了虚假信息可以免责？而事实真实和公正评论其实也不算是抗辩事由，是其他抗辩事由的一个条件，特别是相对豁免或宪法上的豁免（言论自由抗辩）的一个条件，下文将有详述。

如果这样讲，笔者认为英国法上的名誉侵权可以归结为四个方面：同意、绝对豁免、相对豁免和宪法上的豁免。出于和上述美国法上的一样理由，当事人同意作为抗辩事由，这里也不多说。下面我们来说一说英国法上的绝对豁免、相对豁免和宪法上的豁免。

二、绝对豁免

关于英国法上的绝对豁免，许多论文和著作都有了说明，但由于翻译过

---

① 姜战军：《中、英名誉侵权特殊抗辩事由评价、比较与中国法的完善——兼评英国〈诽谤法案 2013〉对名誉权侵权特殊抗辩事由的改革》，《比较法研究》2015 年第 3 期。

来的文字佶屈聱牙，读起来很拗口，翻译错误的地方也还不少，很多地方不解释也不容易让人看得懂，所以这部分内容，笔者将要多花些笔墨，力求阅读者能够有所收获，查阅资料的人也能够通过本书对英国法中的名誉侵权抗辩事由能够一览无余。需要说明的是，本书的此部分内容，主要是对中山大学张民安教授主编的《名誉侵权的抗辩事由》一书中几篇介绍英国法上的名誉侵权豁免的文章作一下整理、解释、澄清。①

需要介绍一下的是英国法上的绝对豁免和相对豁免之间的差别。关于此，有英国学者认为，绝对抗辩事由是无论言论是对是错，侵权人都可以享受名誉侵权的豁免，但是相对抗辩事由，则是说如果行为人有恶意，也即故意或者毫不在意地发布虚假消息，则要承担名誉侵权的责任。那么总体上可以这么说，相对豁免是有条件的，而绝对豁免是无条件的。②

英国法上的名誉侵权的绝对豁免主要有三种情况：司法活动中的言论（包括调解程序、律师与委托人之间的言论）、立法活动中的言论和高级官员的行政活动。

1. 司法活动中的发言享有绝对豁免

先来谈谈司法活动中的绝对豁免，绝对豁免如前所述就是无条件的豁免。在《绝对免责特权抗辩研究》一文中，安东尼·M. 多哥戴尔和迈克尔·

---

① 参见安东尼·M. 多哥戴尔和迈克尔·A. 琼斯：《绝对免责特权抗辩研究》，陈带喜译，载张民安、林泰松编：《名誉侵权的抗辩事由——事实真实、公正评论、绝对或相对免责特权等对行为人名誉侵权责任的免除》，中山大学出版社2011年版，第212—228页；派屈克·米尔莫，W. V. R. 罗杰斯：《绝对免责特权抗辩》，刘敏译，载张民安、林泰松编：《名誉侵权的抗辩事由——事实真实、公正评论、绝对或相对免责特权等对行为人名誉侵权责任的免除》，中山大学出版社2011年版，第228—274页；派屈克·米尔莫，W. V. R. 罗杰斯：《普通法上的相对免责特权研究》，郭钟泳译，载张民安、林泰松编：《名誉侵权的抗辩事由——事实真实、公正评论、绝对或相对免责特权等对行为人名誉侵权责任的免除》，中山大学出版社2011年版，第274—356页；安东尼·M. 多哥戴尔和迈克尔·A. 琼斯：《相对免责特权的抗辩事由》，陈带喜译，载张民安、林泰松编：《名誉侵权的抗辩事由——事实真实、公正评论、绝对或相对免责特权等对行为人名誉侵权责任的免除》，中山大学出版社2011年版，第356—401页。

② 参见[英]阿拉斯泰尔·马里斯、肯·奥里芬特：《侵权法》（麦克米伦法学精要丛书·影印版），法律出版社2002年版，第272版。

A. 琼斯写道："双方当事人、证人、律师、陪审团成员、审判法官,都不会因自己在法庭上所做的陈述而被追究民事或刑事责任。"①这是说司法活动中任何人,都有权享受绝对豁免,即便他们陈述了错误的事实,甚至是明知地或毫不在意地陈述了这些错误的事实,他们也不承担名誉侵权的责任,这和相对豁免不一样。与美国不同,英国法对绝对豁免的要求更严。如果陈述人在缺乏相当证据的情况下就公布虚假信息,也要承担名誉侵权的责任。

不过英国法上司法活动所享受的绝对免责,还可以扩展到其他一些领域,比如审判程序之外的其他诉讼程序,如法庭上的宣誓活动,或者法院之外的调解、其他特种法庭的审判。要注意的是诉讼前的活动是不能作为豁免事由的。比如有一个案件是某社会工作者未能很好地抚养孩子,被政府有关部门取消了抚养权,双方发生争议,该机构在发给此人的信函中,除了未抚养孩子之外,还指出了该人的其他许多问题,此人以名誉受损为由起诉该机构,该机构认为信函中所说的内容受绝对豁免的保护。但是法院最终否定这种看法,认为诉讼前的活动不属于绝对豁免。

另外,法院活动之外的活动不属于绝对免责。比如在 W. 诉维斯特敏斯特市政厅和其他(W. v. Westminster C. and others)一案中,某人在一个儿童保护会议上发言,被控侵犯他人名誉权。法院认为,该发言不享有绝对豁免,因为该活动与审判活动无关。

2. 立法活动中的发言享有绝对豁免

下面再谈谈立法活动中的发言享有绝对豁免。《绝对免责特权抗辩研究》一文说到,英国议员在议会中的发言,或者议员传唤的证人在议会上的发言,都是受绝对豁免保护的,即便其内容是虚假的,甚至是故意捏造的,或是毫不在意地发表的。在一个案件中,A 公开发表言论,说议员 B 有违法腐败行为,受到 B 的起诉,A 提出证据说,B 在议会的发言中公开承认了此事。法院判决认为,B 在议会上的发言,享有绝对豁免权,不能作为证明 B

---

① 参见安东尼·M. 多哥戴尔和迈克尔·A. 琼斯:《绝对免责特权抗辩研究》,陈带喜译,载张民安、林泰松编:《名誉侵权的抗辩事由——事实真实、公正评论、绝对或相对免责特权等对行为人名誉侵权责任的免除》,中山大学出版社 2011 年版,第 214 页。

有违法腐败行为的证据，从而判决 A 败诉。

但上文还提醒我们几点：第一，议会中的发言的豁免可以放弃，如果议员放弃这项豁免，那么他就会丧失这种豁免。这项规定是英国 1996 年的《诽谤法》13 条的内容。简单来说，就是如果一个人在议会上发言说某人有贪污腐败行为，对方起诉议员名誉侵权，如果议员应诉，就可以看作议员放弃了这项绝对豁免，但这么做也有一个好处，就是议员可以通过诉讼获得救济，如果对方在主张权利时也同样侵犯了议员的名誉权。

此外，将议会中的发言重复发表到议会之外，就不能继续受到绝对豁免的保护。有这么一个案件：议员 A 在议会上说，新西兰羊毛委员会一名委员 B，赞助了一个橄榄球队到英国旅游，费用很高，在英国这是违法的。几个月后媒体采访 A 时，A 仍然重复以前的言论，说 B 确实曾经赞助过橄榄球队的旅行费用，媒体将此内容写成了文章发表。B 起诉 A 名誉侵权，A 认为他在议会上的发言具有绝对豁免。法院否定了议员 A 的意见，因为他的发言已经超出了议会的范围。任何事情都有一个边界，突破了边界来谈豁免，是不现实的。议会发言之所以享有豁免是要保护议会开会时的辩论自由，以保证事实的充分查明、意见的充分集中，而议员在议会之外的发言不具有这一功能，所以不享受这一特权。

3. 高级官员享有绝对豁免

最后再谈谈英国法上规定的高级行政官员享有的绝对豁免。在《绝对免责特权抗辩研究》中作者提到，英国的高级行政官员和军事官员，也享有绝对豁免。意思是说，即便他们故意或者毫不在意地发表虚假言论，也可以免除名誉侵权的责任。英美法国家给予公共官员这样的特权，是为了保证官员在执法时没有后顾之忧，不会因为担心被诉，而束手束脚，不敢作为。[1]

但是给予公共官员绝对豁免，或许会引起人们的担心，因为这样一来公民的名誉就会处于极度危险之中了。这种风险的确存在，但也不是完全没有补救措施。如同王名扬教授在介绍美国行政法时所说的，美国行政官员

---

[1] James Underwood, *Tort Law: Principles in Practice*, Wolters Kluwer Law & Business, 1988, pp. 1121-1122.

具有绝对豁免,不因自己的过错承担责任,并不意味着政府也不承担赔偿责任,政府对官员的过失造成的相对人人身、财产损失,是有赔偿义务的。①英国也是一样的。

关于这方面的案例,《绝对免责特权抗辩研究》一文提到过道金斯诉保莱勋爵案[Dawkins v. Lord Paulet (1869) L. R. 5 Q. B. 94],法院判决指出,"将领向上司提交的涉及其下属的正式报告是受绝对免责特权保护的,即使将领是出于故意的,且没有尽到合理的以及可能的注意"②。这就是所谓的绝对豁免,也就是说即便发言人故意发表错误言论,也不承担名誉侵权的责任。从中可以看出绝对豁免和相对豁免的区别,后者只有在被告没有恶意(明知或毫不在意)的情况下,才可以免除名誉侵权责任。

三、相对豁免

相对豁免在英国的情况,和美国有许多类似之处。比如在美国法上,某人告诉自己的妹妹,她的男朋友是个小偷,即便后来证实他所说的不是事实,也可以豁免他的名誉侵权责任,只要他不是凭空捏造,而是有一定的证据。原因是被告是为了保护亲属的利益。而这一豁免在英国法上同样存在,详见后文的介绍。

英国法上的"真实抗辩",按照《诽谤法》第 2 条第 1 款的规定,只要"实质内容"真实,就不算名誉侵权。③ 所谓的实质内容,指的是主要内容或核心内容。这和我国《民法典》制定前的司法解释的观点是一致的,我国最高人民法院的司法解释强调的就是"主要内容真实"。

---

① 参见王名扬:《美国行政法》(第二版),中国法制出版社 2005 年版,第 734 页。王名扬教授指出:"由于联邦官员执行职务的过失或不法的行为或不行为而产生的损害,几乎全部能够适用(政府赔偿)。"

② 参见张民安、林泰松编:《名誉侵权的抗辩事由——事实真实、公正评论、绝对或相对免责特权等对行为人名誉侵权责任的免除》,中山大学出版社 2011 年版,第 221 页。

③ 参见姜战军:《中、英名誉权侵权特殊抗辩事由评价、比较与中国法的完善——兼评英国〈诽谤法案 2013〉对名誉权侵权特殊抗辩事由的改革》,《比较法研究》2015 年第 3 期。

但是关于真实性的要求,英国法和美国法也有很大的区别,对陈述内容的真实性的要求还是不一样的。在美国法上,只要不是恶意要诽谤某人,即使伤害了他人的名誉,也不作为名誉侵权看待。但在英国仅仅没有"恶意"并不能豁免名誉侵权,行为人必须有相当的事实根据。可以说美国法上的实质恶意原则不适用于英国,如果某人主张其所发布的陈述是转述他人的,那么他仍有义务保证陈述内容是"实质真实"的。这么做是英国普通法的传统,普通法有一项规则叫作"重复规则"(repetition rule),意思是重复他人的陈述时,和原始发布者承担同样的责任。也就是说,真诚地相信事实是真实的,没有故意或轻率,还不能豁免名誉侵权。

除此之外,英国法上的相对豁免还需要符合一定的条件。根据米尔莫和罗杰斯所著的《普通法上的相对免责特权研究》一文的介绍,相对豁免是指"行为人为履行义务而发表的言论"和"行为人为保护利益而发表的言论"两种情形。① 行为人为履行义务而发表的言论和为保护利益而发表的言论,才可以作为名誉侵权的抗辩事由。这是英国学者的分类。然而履行义务和保护利益是有相关性的。比如 A 是 B 的妻子,A 有义务保护 B,当 A 为了 B 的利益揭露某种事实或发表某种评论的时候,A 就可能既是为了履行义务(履行的是自己的义务),也是为了保护利益(保护的是 B 的利益),只不过保护的是其他人的利益。下面我们根据米尔莫和罗杰斯的文章所提供的材料,加入笔者自己的理解,予以丰富和简化,来详细说一说相对豁免的具体情形。

---

① 参见[英]派屈克·米尔莫、W. V. R. 罗杰斯:《普通法上的相对免责特权研究》,郭钟泳译,载张民安、林泰松编:《名誉侵权的抗辩事由——事实真实、公正评论、绝对或相对免责特权等对行为人名誉侵权责任的免除》,中山大学出版社 2011 年版,第 273—355 页。在 Toogood v. Spyring 一案中,法官这样来解释相对免责特权的:"一般来说,只要行为人蓄意地公开对他人的品质具有名誉毁损性的虚假陈述,受害人就可以提起名誉侵权诉讼,此时法律会认定行为人的公开行为是一种蓄意,除非行为人作出该陈述是在履行某种公共义务或私人义务(不论该义务是法律义务还是道德义务),或者行为人作出该陈述是在处理关乎其利益的事务。如果陈述的作出者是在履行某项义务或对作出陈述享有利益,且不具有实际蓄意,那么他就可以主张相对免责特权抗辩。为了公共便利和社会福利,在任何合理的场合或经济情形中相对免责特权都应当得到保障。"

1. 为履行义务而发表的言论

先说说为履行义务而发表的言论,它具体分为以下情形:

(1) 对他人询问的回答,该询问关系到第三人的品行和职位。比如 A 准备与 B 结婚或做生意,A 询问 C,B 是一个什么样的人,C 可以作出不利于 B 的陈述,即便他说的内容不真实,也不构成名誉侵权,只要他不是故意捏造。但是要注意的是,如果 A 不准备与 B 产生什么关系,而仅仅是出于好奇加以询问,C 的错误言论不受相对豁免的保护。之所说被告 C 在履行义务,是因为 A 的询问,A 要和 B 结婚,所以 C 有保护 A 的义务。虽然 A 和 C 并没有什么关系,但在 A 的询问下,C 就产生了义务。

不仅询问当时的回答可以获得相对豁免,询问之后隔一段时间所作的回答,也可以获得相对豁免。在 Cardener v. Slade 案件中,P 由于 D 的推荐到 M 家做保姆,后来 D 怀疑 P 此前就有不良的品行,反过来又向 M 提出自己的怀疑,M 随即解雇了 P。P 起诉 D,并澄清了 D 的怀疑,但是法院审理认为 D 受相对豁免的保护,D 有权表达对 P 的意见。

不过如果行为人在回答他人询问后,重复以前的陈述,就不能再次享有相对豁免。这时候仅仅没有恶意是不足以免除名誉侵权责任。因为重复之前的陈述会让人觉得这种证据是确凿的,而不仅仅是供人参考的。所以重复陈述者有更大的责任证明自己的陈述,不能享有相对抗辩,如果他对别人的名誉造成损害,仍需承担民事责任。

(2) 应某雇主请求向其推荐雇员。比如雇主 A 向雇主 B 询问,他准备雇佣的 C 品行如何? B 只要不是明知地或毫不在意地发布虚假信息,而是有一定的事实根据,比如说 C 曾经有过犯罪前科,他都不因此承担名誉侵权的责任。这里的义务也来自该雇主的询问。

(3) 为犯罪的调查提供信息。在警察调查犯罪线索时,行为人向警察说明某人的犯罪情况,即便所说的内容是虚假的,只要不是出于恶意,就不承担名誉侵权的责任。这里的义务来自警察的询问。

(4) 向他人披露某人的信用。举例来说,A 要与 B 做生意,向 C 打听 B 的信用如何,只要 C 不是恶意说谎,即便说错了,伤害了 B 的名誉,也不承担名誉侵权的责任。与上述情况类似的,倘若 A 想知道 B 的个人情况,委托 C 进行调查,C 调查后提供信息,他不具有侵权责任。同时互助协会的成员之间,交流他们所掌握的其他人的信息,因他们相互之间具有共同利益,也不承担名誉侵权的责任。不过征信机构收集和报告某人的信用或经济状况时,不受相对豁免的保护,因为这些机构本身是营利性的。同时银行也不能向他人提供储户的信用,银行有义务保守储户的秘密。简单来说,银行必须有确实的根据,才能提出对某人信用的评价报告。

(5) 为公共利益举报某人犯罪,也享受相对豁免。也就是说只要不是故意捏造事实,或者不在意他人的名誉,而是有一定的事实依据,就不受名誉侵权的诉讼。举报人这时候也是在履行公共义务。

(6) 公共机构的代表对某人作出的陈述,即便在媒体上进行了报道,他们也受相对豁免的保护。该代表也是在履行公共义务。

(7) 在法律活动中陈述的某些意见也享有相对豁免。

(8) 当行为人有义务保护第三人时,比如说双方是家庭关系、亲密关系、朋友关系或信赖关系等,行为人对第三人作出的陈述,也享有相对豁免,但要考虑以下因素:① 信息提供者多大程度上相信该信息;② 该信息与接收者关系多大;③ 信息对与之相关的人可能造成的名誉损害;④ 信息接收者在多大程度上相信该信息。

从以上的这些相对豁免事项我们可以看出,在英国仅仅是私下传播信息,比如说两个朋友之间的信息交流,并不因为其私密性受隐私权保护而不作为名誉侵权看待。如果该谈话损害第三人名誉,要想获得相对豁免,信息的发布者和接受者必须有一定的关系,发布者有义务保护接收者,接收者有权利知道该消息。比如前面哥哥告诉妹妹,她的男朋友是个小偷。当然发布者为保护自己的利益发布某种信息,也享受相对豁免。比如某人向警察控告盗窃自己物品的犯罪嫌疑人。我们下面介绍一下。

2. 为保护利益而发表的言论

为保护利益而发表的言论能够获得相对豁免,该部分内容也是笔者根据米尔莫和罗杰斯的文章转述而成的,因为文章翻译得很拗口,国外学者的分类逻辑上又与我们不同,很多地方有重复,所以为了阅读和理解的准确性,这样的转述也是必要的。

（1）为了保护发布信息者与接受信息者的共同利益而发表的言论。这种利益可以是：① 商业利益。比如公司的员工告诉公司管理者，某人已经破产，不与之发生经济往来，这种言论享受相对豁免。② 因工作而产生的利益。比如某公司将解雇某员工的消息，在公司内部公开，也被认为享受相对豁免。③ 其他共同利益。

（2）向有关部门控告他人对自己的犯罪（或者为了调查犯罪而询问第三人或犯罪嫌疑人本人）而发表的言论。比如 A 怀疑保姆 B 盗窃自己的财物，便向孩子询问 B 的情况，A 还和 B 当场对质，后来证明 B 没有盗窃，但 A 不承担名誉侵权责任。还有一个案件，某顾客 A 在商场丢失钱包一只，并怀疑 B 偷了钱包，商场工作人员拦下正要出门的 B 进行核实，最后发现 B 没有偷窃钱包。B 以名誉受损起诉商场。法院认为商场有相对豁免权，不负名誉侵权责任。

（3）为回应和反驳他人的意见而发表的言论。这也是行使自身权利的表现。它包括几种情况：① 回应别人的请求，举例来说 A 解雇了 B，B 请求律师 C 询问解雇理由，并要求给予赔偿，A 提出 B 曾盗窃 A 的财物。② 对攻击的回应。意思是受到他人人身攻击时，提出反驳，只要反驳的内容与攻击有关，不涉及其他事实，该反驳享受相对豁免的保护。另外也有观点认为，在相互争论中，首先提出攻击的人，在对方反驳时，还可以进行回应，这种对反驳的回应也受相对豁免的保护。但也有人认为这种情况不受相对豁免的保护，因为攻击者有义务证明自己的攻击是有证据的。此外对媒体攻击的回应也属于这里的对他人攻击的回应，也受相对豁免的保护。比如 A 在报纸上攻击 B，B 也在报纸上予以反驳，B 的言论受相对豁免的保护。只要不是故意捏造事实或毫不在意事实的真实性，就不承担名誉侵权的责任。③ 对损害的救济。意思是为了弥补自己的损失，向有权机关提出控告时对他人的名誉构成损害，只要不是恶意，不算是名誉侵权。①

（4）受托人为保护委托人的利益而发表的言论。对此，"代表本人的利

---

① ［英］派屈克·米尔莫、W. V. R. 罗杰斯：《普通法上的相对免责特权研究》，郭钟泳译，载张民安、林泰松编：《名誉侵权的抗辩事由——事实真实、公正评论、绝对或相对免责特权等对行为人名誉侵权责任的免除》，中山大学出版社 2011 年版，第 314 页。

益而行为的代理人,共享本人在免责场合享有的任何特权"。这就是说受托人为了委托人的利益所发表的言论,像本人一样享受相对豁免。比如"如果律师向第三方作出的陈述,是律师在履行对其委托人的义务的过程中所合理、必需和通常的陈述,那么该场合就是免责的"。

但是这种豁免也有例外,如果"律师知道委托人的陈述是错误的,而他又没有指出陈述的错误性,那么律师根据其委托人授权作出的这些错误陈述,将不受保护。律师不能将自己变成那些苦恼的或愤愤不平的委托人披露名誉毁损性陈述的导管……"①这意味着尽管律师的行为归属于委托人,但是他也不能代表委托人从事违法行为,特别是当他知道或者毫不在意信息的虚假性的时候。

有一个例子能说明该原则的运用。A杂志报道B对未成年人实施性虐待,使B遭到刑事诉讼,B的律师C声称将对A进行刑事诉讼,控告A诽谤罪,因为A杂志已经濒临破产,在诉讼中要求民事赔偿已经没有意义,A杂志以C为被告提起名誉侵权诉讼。法院认为律师C不构成侵权,因为他是在维护委托人的利益,虽然委托人没有直接委托他作这样的发言,只要他不是明知或不是毫不在意信息的虚假性,他也和委托人一样受相对豁免的保护。

(5) 行为人因为道歉而发表的言论。A在B报纸上发表了毁损C的名誉的陈述,引起C的反对,B报纸在向C道歉的时候,作出了批评A的陈述,从而受到A的起诉,法院认为报纸B这时候享有相对豁免特权,因为B的发言是为了维护自身的利益,B陈述的事实是C主张的,B不知道该事实是虚假的,或没有毫不在意事实的真实性。至此我们说完了相对豁免的第二大点,为保护个人利益而享有的豁免。下面还有第三点,对公务员、享有公权力或负有公共责任的人的控告,也是相对豁免的一个类型。

3. 对公务员、享有公权力或负有公共责任的人的控告

对公务员、享有公共权力或负有公共责任的人的控告,也享受相对豁

---

① 以上内容来自[英]派屈克·米尔莫、W. V. R. 罗杰斯:《普通法上的相对免责特权研究》,郭钟泳译,载张民安、林泰松编:《名誉侵权的抗辩事由——事实真实、公正评论、绝对或相对免责特权等对行为人名誉侵权责任的免除》,中山大学出版社2011年版,第314—315页。

免。这一点也不难理解,前文讲到过人们可以对违法犯罪举报,也可以对针对自己的违法犯罪控告,这是为了履行义务和保护利益。对于公务人员的违法犯罪行为,公民当然也可以举报,这是维护社会公共利益的表现,只要行为人不是明知或毫不在意事实的真实性。

谈了这么多相对豁免的情况之后,最后还有一点需要提醒。相对豁免具有两个先决条件:一是相关性,一是必要性。也就是说此时豁免行为人的名誉侵权责任,为的是履行义务和保护利益,可是如果某个言论的发表,不能达到这一目的,或者不是达到这一目的的必要手段,比如该陈述是不相关的、过度的、向无利益一方发表的,那么这种言论的发表,也不能享有相对免责特权。

举例来说,在 Williamson v. Freer 案中,A 以电报形式公开了一则毁损 B 的名誉的信息,B 起诉 A 名誉侵权,法院认为,A 的公开是过度的,如果 A 的信件是密封的形式寄送,就不构成名誉侵权。在 Simpson v. Downs 案中,某议员在报纸上揭露某建筑商有不法行为,受到名誉侵权起诉,法院认为如果议员在议会上发表该言论,不构成名誉侵权,在报纸上公开则属于过度公开。

此外,如果一个信息在日常经营中,比如向不相关的打字员、印刷人员公开了,该信息的公开受不受相对豁免的保护?这也是一个问题。英国法院认为:"对陈述事项不负有直接义务或不享有直接利益的行为人作出的陈述仍然享有免责特权——如果行为人是在日常经营活动中合理地作出该陈述,而且该陈述仅仅是行为人与其他人有效交流所要求的。"[①]意思就是说,为了日常经营和日常交流的便利作出的某种陈述,也不是过度的公开,也属于名誉侵权的相对豁免事项。这属于从属的免责特权(ancillary privilege)或附带的免责特权(incidental privilege)。

还有一个案例是 Tench v. G. W. Ry,某地铁公司总经理在公司办公场

---

① [英]派屈克·米尔莫、W. V. R. 罗杰斯:《普通法上的相对免责特权研究》,郭钟泳译,载张民安、林泰松编:《名誉侵权的抗辩事由——事实真实、公正评论、绝对或相对免责特权等对行为人名誉侵权责任的免除》,中山大学出版社 2011 年版,第 323 页。

所贴了一张海报,说某员工工作不诚实被公司解雇,2 000多名员工看到了这一海报,该员工认为总经理构成名誉侵权,法院认为这种公开是必要的,因为"这是行为人为履行义务或保护利益所唯一可能采取的有效方式"①。这也是从必要性来考虑信息公开的合理性问题。

还有一个 Toogood v. Spying 案,说的是 D 指责 P 喝酒影响了工作,X 当时正好在场,P 控告 D 名誉侵权,法院认为尽管 X 在场,D 也享有相对豁免。在 Shaumer v. Mayer 案中,D 请人代为加工珍珠项链,P 交还项链时,D 认为 P 偷走了一些珍珠,于是 D 到 P 的办公室指责 P 盗窃,没想到他的指责被邻居听到了,P 起诉 D 名誉侵权,法院认为 D 享有相对豁免。

总结一下,英国法上名誉侵权的相对豁免与美国的不同。英国法不但要求言论发表者对陈述的内容有义务和利益,而且还要求言论接收者与该信息有利害关系,发言人不能向毫无利害关系的第三人发布某些信息。

最后要说的一点是新闻媒体享有的宪法上的豁免。

四、宪法上的豁免——媒体针对公共事务的负责任的报道

英国宪法上豁免是有两个方面,前面已经说过:一个是"新闻媒体对公共事务负责任地报道"抗辩,另一个是"科学或学术期刊上同行评价"抗辩。后者直接涉及学术自由,是学术评价应该享有的抗辩权。"新闻媒体对公共事务负责任地报道"中的"负责任",英文是 responsible,意思是恰当的、审慎的、有责任心的。

不过,在英国对于是否应该赋予媒体以豁免权,一直都存在争议,直到20世纪末还是如此,这一点在其他国家是不多见的。如果媒体享有豁免权,那么他们就可以在说错话的时候,不承担名誉侵权的责任,只要不是明知或者毫不在意事实的真假。之所以在英国不同的学者对新闻媒体的发言

---

① [英]派屈克·米尔莫、W. V. R. 罗杰斯:《普通法上的相对免责特权研究》,郭钟泳译,载张民安、林泰松编:《名誉侵权的抗辩事由——事实真实、公正评论、绝对或相对免责特权等对行为人名誉侵权责任的免除》,中山大学出版社2011年版,第327页。

是否享有豁免有不同的看法，是因为在英国要想获得相对豁免，信息的发布者和信息的接收者之间要有一定的共同利益，特别是信息接收者必须对信息本身具有一定的义务和利益，不是与该信息毫不相关的。但媒体的信息发布针对的是一般公众，后者不可能都和媒体发布的信息之间有义务或利益的关系，所以这和英国人理解的相对豁免的原则是不相符的。[1]

与别的国家的法律制度相比，英国法上的这项要求是很高的，如果按照这一要求，许多媒体的报道是不能获得相对豁免的，那么媒体的任何影响他人名誉的、虚假的信息，都可能被视为名誉侵权。所幸这一原则并没有得到严格的遵循，英国法院还是顺应了世界的潮流，放宽了要求媒体的受众与新闻事件具有义务和利益关系的要求。但是英国法院仍然为可能造成名誉侵权的新闻媒体的信息发布设定了许多详细的裁判原则。在雷诺诉《泰晤士报》(Reynolds v. Times Newspaper Ltd.)一案中，英国法院提出了十项裁判新闻媒体发布的信息是否构成名誉侵权的原则，它们分别是：(1)被告公开的陈述的严重性——被告的陈述指控越严重，公众就越容易受到误导，如果该指控不是真实的，原告就会受到更大的损害；(2)信息的性质、信息的主题在多大程度上是一项社会关注的事项；(3)信息的来源——有些信息提供者并不是直接了解事件，有些信息提供者是别有用心或是有偿地接受报道；(4)被告为核实信息所采取的措施；(5)信息的地位——原告的指控可能已经成为令人肃然起敬的调查对象；(6)事项的紧急性——新闻通常是一件易腐品；(7)被告是否从原告处寻找评论——原告可能拥有一些其他人所不具有的或未被披露的信息；(8)涉诉文章是否包含了原告的故事版本的要点；(9)涉诉文章的语气——报纸可以提问或者要求进行调查，而不需要采用像陈述事实那样的方式；(10)被告公开发表言论的具体情况，

---

[1] 作者指出："相对豁免的基本原则是，只有当新闻媒体是向对出版物相关的事项享有利益或义务的人公开陈述，该陈述才受到免责特权的保护。但总的来说，社会公众不会被认为对媒体出版物的相关事项一般性地享有相关的利益或义务；所以，作为媒体的被告（或者其他以媒体方式公开陈述的被告）同其他名誉侵权案件的被告一样，他们要主张相对免责特权抗辩，就必须证明其与社会公众之间存在互惠的义务和利益。"参见张民安、林泰松编：《名誉侵权的抗辩事由——事实真实、公正评论、绝对或相对免责特权等对行为人名誉侵权责任的免除》，中山大学出版社2011年版，第327页。

包括发表言论的时间。①

这十项原则,有的比较简单易懂,比如第(1)项的意思是,新闻媒体发布的信息对他人名誉的伤害越严重,信息发布者就越容易被判断为名誉侵权。第(2)项的意思是,信息越受人关注,就越应该公开,信息发布者也就越不应该被视为名誉侵权。第(3)项的意思是,信息来源越权威,越具有可信性,信息发布者就越不应该被视为名誉侵权。第(4)项的意思是,信息发布者为核实信息的真伪付出的精力越多,就越不应该被视为名誉侵权。第(6)项的意思是,信息越紧急,越是必须尽快发布,不发布会带来难以估计的损害,就越不应该被视为名誉侵权。第(7)项的意思是,信息发布者有没有从名誉受损者那里核实过信息的真伪,也是需要考虑的一个因素,如果有过核实,当然不应该被视为名誉侵权,如果完全没有向名誉受损者核实过情况,那作为名誉侵权的可能性就更大。不过关于这一点,要注意的是,该案的判决书还有一句没有翻译出来,就是:"An approach to the plaintiff will not always be necessary."其意思是:"向原稿征求意见并不总是必需的。"也就是说不一定都要征求原告的意见。第(9)项的意思是,信息发布者的语气越肯定,越是像在陈述事实,而不是仅仅表示怀疑,或者督促调查,就越应该被视为名誉侵权。第(10)项的意思是,越是在事件发生当时公开,就越不应该被视为名誉侵权。如果是在事情发生很长时间之后才公开,就更越应该被视为名誉侵权。

上述几项中,比较不好理解的是第(5)和(8)项,我们还可以看一看判决的原文,第(5)项原文是"The status of the information—the allegation may have been the subject of an investigation which commands respect",中文翻译为"信息的地位——原告的指控可能已经成为令人肃然起敬的调查对象",这么说还不怎么清楚,特别是"信息的地位"的说法。重新翻译一下,"status"也可以翻译为"重要性",而不仅仅是"地位",整个句子可以翻译为"信息的重要性——被告批评的或许是令人尊敬的调查对象"。总之,这句话的意思是信息发布者批评的对象越重要,就越应该被视为名誉侵权,因为

---

① 参见张民安、林泰松编:《名誉侵权的抗辩事由——事实真实、公正评论、绝对或相对免责特权等对行为人名誉侵权责任的免除》,中山大学出版社2011年版,第330页。

他不仅伤害了被批评者的名誉,也伤害了尊敬该人物的公众的感情。

第(8)项的原文是"Whether the article contained the gist of the plaintiff's side of the story",中文翻译为"涉诉文章是否包含了原告的故事版本的要点",也很难让人理解,"原告的故事版本"让人难以理解。笔者觉得不如这样翻译:"涉诉文章是否从原告的视角描述过这个事件"。这一点和第(7)项有类似之处,但是第(7)项的最后说到,并不是每一个报道都要征求原告的意见,这意味着可以不征求原告的意见。第(8)项所说的,也必须试着从原告的视角演绎故事,也即试着为原告的错误提供辩解。文章越是存在这种原告的视角,就越不应该被视为名誉侵权。

总之,在英国法上,名誉侵权的抗辩事由的一个重要方面是"新闻媒体对公共事务负责任地报道",英国法院也为此设立了许多详细的审查原则,这些原则中有一些是我们所熟悉的,比如:(1)对他人名誉的伤害程度;(2)社会关注度大小;(3)信息来源是否可靠;(4)有没有进行过核实;(5)事情的紧急性;以及(10)事件被报道的时间,离事件发生之时多长等。而有一些则是比较陌生的,比如:(6)报道的对象是什么样的人,是不是广受尊重的;(7)向原告寻求意见;(8)需要从原告的角度来看问题;以及(9)文章的语气是坚决地肯定,还是委婉地怀疑。以上这些审查原则能给我国名誉侵权案件的裁判提供借鉴。

此外,除了事实方面的要求之外,"公正评论"也是英国宪法上的名誉侵权的重要豁免条件,就是说新闻报道中的"评论"必须坚持公平公正,那么就不承担名誉侵权责任。不过在英国"公正评论"的运用和美国有所不同。虽然说英国的"公正评论"抗辩要求人们在公共媒体上的评论必须是公正的、合理的、不过分的,但英国法不要求意见的发表为了"公共利益",即便不是为了公共利益,也是可以对某些问题进行讨论,比如在有些网络论坛上的讨论,这也是对言论自由的重要保障。①

---

① 姜战军:《中、英名誉权侵权特殊抗辩事由评价、比较与中国法的完善——兼评英国〈诽谤法案 2013〉对名誉权侵权特殊抗辩事由的改革》,《比较法研究》2015 年第 3 期。

第三节　日本法上名誉侵权的抗辩事由

日本法上名誉侵权的抗辩事由也很多，而且也与学术批评相关。国内在这方面的介绍也不多，已被翻译为中文的日本民法学者五十岚清教授的《人格权法》一书作了较为系统的介绍。① 不过这方面的理论和案例相当庞杂，这里有必要进行一番条理化的工作。

在介绍这些抗辩事由之前，事先要说明的是，以下的一些抗辩事由，要想免除名誉侵权的责任，多数情况下还是要符合真实性或相当性的原则。真实性原则的意思是发言人所说的内容是真实的，就不算是名誉侵权。相当性原则的意思是即便所说的不完全真实，但有相当的理由相信这些事实是真实的，也不算是名誉侵权。总之，只有真实的报道或者有相当依据的错误报道才能够免除名誉侵权责任。

但是这么说也不是绝对的。有些时候，在公布的利益非常重要的时候，也不必具有相当的依据。比如提供犯罪线索，错误指认某人犯罪，这些可能会损害到该人的名誉，即便没有多少确定的依据，而只是猜测，只要不是故意陷害，就不能算是名誉侵权。下面就根据五十岚清教授的介绍，说一说日本法上名誉侵权的抗辩事由。由于学术自由作为名誉侵权的抗辩事由在前面一章已有介绍，这里不再赘述。

一、新闻报道作为抗辩事由

对于日本法上名誉侵权的抗辩事由，五十岚清教授是从不同的角度出发进行介绍的。第一项抗辩事由是新闻报道。新闻报道可以免除名誉侵权

---

① 参见［日］五十岚清：《人格权法》，［日］铃木贤、葛敏译，北京大学出版社2009年版，第65—78页。

的责任,但有几个条件:必须出于公益目的(公益性),事实必须是真实的(真实性),或者有相当的事实根据(相当性)。

第一个是公益性的要求。公益性其实是判断名誉侵权还是隐私侵权的重要条件,如果对没有公益性的事件,也即与公共利益无关的事件,某人进行了报道,那么侵害的就不是名誉权,而是隐私权。所以公益性也是新闻报道是否侵犯名誉权的重要识别条件。

第二个是真实性的要求。真实性就是说报道的内容必须是真实的。但我们都知道,要想所有内容都真实、没有一点点细节上的出入是不可能的。那么日本法上在名誉侵权抗辩方面发展出的最重要原则——相当性原则就登场了。

第三个是相当性原则。相当性原则是日本法为名誉侵权设置的一项抗辩原则,它是指由于新闻机构"不具有特别的调查权限",新闻报道还需要"有迅速性",不能期望它"具有高度准确性",但也要有"能够让报道机关相信报道内容大致属实的合理的资料或依据",所以日本法院在处理新闻报道侵犯名誉权的案件时认为,"即使不能证明上述事实是真实的,但是该行为者有相当的理由相信该事实是真实的,且对上述行为不存在故意或过失,那么认为侵权行为不成立是比较恰当的"。[①] 这句话的意思是,倘若某报纸报道某人贪污受贿、徇私舞弊,后发现报道不符合事实,这时候如果报道者有一定的证据证明该报道的真实性,比如根据"侦查当局公开发表的内容进行报道","在有限的时间内,尽可能做了印证和采访",且他们对不真实的报道,不具有故意或过失,不是仅凭自己的想象认为是真实的,那么他们对这项错误报道,也不负名誉侵权的责任。[②]

所谓"相当性"就是指有相当的理由相信事实的真实性,比如做了采访和调查,根据国家机关公开发表的内容进行报道。而不具有相当性的情况有:(1)"取材于侦查官的非正式发表或从相关人员处得到的信息为依据"进行的报道;(2)"调查当局还没有进行正式发表、事实真相还不明确、在报

---

① 参见[日]五十岚清:《人格权法》,[日]铃木贤、葛敏译,北京大学出版社2009年版,第40—44页。

② 参见[日]五十岚清:《人格权法》,[日]铃木贤、葛敏译,北京大学出版社2009年版,第40—44页。

道不具有紧急性的情况下","囫囵吞枣地理解调查当局的发表内容、产生误解";(3)"将侦查当局的发表内容加以夸张,再添加上自己的见解";(4)"在编辑阶段加以润色";等等。①

从以上论述可以看出,日本法上的"相当性"原则和我国《民法典》上的"合理审查义务"是一样的。首先,在两个原则之下,行为人的"故意或过失"都可能导致侵权,这一点和美国的"实质恶意"原则不同,后者只处罚故意行为。其次,两个原则都要求行为人有一定的理由相信事实的真实性,不管是让自己相信,还是让别人相信。这一点也和"实质恶意"原则不同,"实质恶意"原则不要求行为人有核实事实准确性的义务。最后,两个原则都要求被告自己证明自己没有过错,也就是有相信发布消息真实性的理由,而不是要求原告来证明这一点。

对于新闻报道侵犯名誉权的问题,五十岚清教授专门说到了以下四个问题。

一是转发他人的信息是否构成违法。比如转发政府机关的文件和报告或者有影响力的报社的新闻,日本法上称"配信服务",翻译过来是"送信服务"。日本法院认为,这种行为即便造成名誉侵权,也不承担责任,而是由政府机关和有影响力的报社承担责任。

二是实名报道是否构成名誉侵权的问题。日本法院认为,刑事诉讼的被告可以被实名报道,而刑事案件的原告,民事案件原、被告,违法犯罪的青少年,一般不可实名报道。

三是有多个侵权人的责任如何分担的问题,比如一篇文章涉及侵犯他人名誉权,到底由报社、通讯社、采访记者、编辑负责,还是由信息提供者、投稿人负责,这个问题也很棘手。这时候法院一般还是具体情况具体分析,总体上遵循相当性原则,也有的只要不是故意歪曲事实,就不承担责任,类似于"实质恶意"原则。

四是要特别分清文章中哪些是事实,哪些是评论(事实与意见的区别)。如果是事实,要审查文章作者有没有依据;而如果是评论,那么文章的作者

---

① 参见[日]五十岚清:《人格权法》,[日]铃木贤、葛敏译,北京大学出版社2009年版,第40—44页。

就享有更大的自由权,这是学习美国法上正当评论理论的结果,所谓只有事实有对与错,"意见无所谓对错"(日本法上称为"评论的法理")。当然在意见表达方面,表达某种观点可以,但不能进行人身攻击。有疑问的是什么是人身攻击,什么不是,比如辱骂他人算不算人身攻击,这些问题仍需要具体分析。这是新闻报道作为名誉侵权的抗辩事由的情况。

二、其他媒体上的公共言论作为抗辩事由

五十岚清教授介绍的第二类名誉侵权的抗辩事由,是其他媒体上的公共言论,这些言论的发表同样受到保护,比如言论自由、文学艺术自由等,也是名誉侵权的重要抗辩事由。他主要列举了六个方面:(1) 周刊杂志;(2) 月刊;(3) 小说、报告文学等出版物;(4) 广播电视媒体;(5) 个人发布的文书;(6) 网络中的名誉侵权。前四个涉及公共媒体,后两个则是个人的言论发表。公共媒体的言论也有非虚构类和虚构类两种。

1. 非虚构作品的名誉侵权

非虚构类主要是时事新闻、深度报道等,比如日本的周刊、月刊、广播、电视。对于这一类行为,首先要确认的是该新闻报道可作为名誉侵权的抗辩事由。其次,在判断是否存在名誉侵权问题时,一般沿用前述新闻报道侵犯名誉权的判断标准,也即需要符合公益性、真实性和相当性原则。

2. 虚构作品的名誉侵权

而虚构类的作品,比如小说、报告文学、电视连续剧等,一般不会引起名誉侵权新闻,但是这些作品有时候以某人作为原型,特别是报告文学就直接报道真人真事,但他们又带有很多虚构成分,就常常会引发名誉侵权。在日本这些作品被称为原型小说。文学艺术创造也是一种重要的名誉侵权的抗辩事由。在具体判断是否存在名誉侵权问题时,日本法院大致认为有以下三种情况:

第一种,人们很难看出小说中的人物是现实中的某一个真实人物。在

这种情况下,作者对于自认为是写作的对象不负名誉侵权责任。

第二种,人们能够清楚看出小说中的人物来源于某一位真实人物,而且小说还能让人清楚看出哪些情节是虚构的,哪些情节是事实,事实和虚构之间有明显的区分。在这种情况下,作者对于虚构情节造成名誉侵权,也不负名誉侵权责任。

第三种,人们也能看出小说中的人物来源于某一现实人物,但不能清楚看出小说中哪些是虚构,哪些是事实,二者没有明显的界分。在这种情况下,作者要对虚构情节造成的名誉侵权,承担民事责任。还有一点要特别提出,许多电视连续剧会在播放时写上"本故事纯属虚构"的提示语,这并不能作为免除名誉侵权责任的理由。

3. 个人的言论发表:实际生活和网络世界

而关于个人发表的言论,不管是发表在实际生活中的,还是发表在网络上的,也都可能影响他人的名誉,但在有正当权利的情况下,也可以不承担名誉侵权责任。个人为了索取债务或者要求对方履行合同义务,而发放传单、张贴标语、悬挂横幅,给对方施加舆论的压力,这些行为可能影响他人名誉,应该怎么处理呢?日本法院一般认为,个人可以豁免名誉侵权责任,因为这是正当地行使权利。但如果权利人以损害他人名誉为条件进行要挟,以迫使他履行债务或合同义务,这对他人的名誉造成了过度的损害,构成名誉侵权。

对于在网络上发生的名誉侵权,虽然在网上发表言论不是公共媒体的舆论监督行为,但也具有一定的新闻媒体的性质,这时候也要遵循公益性、真实性、相当性等原则。有两个特别的问题需要处理。

一个问题是在即时交流的情况下,如论坛、聊天群中,发言者可以主张"对抗性言论的抗辩",对抗性言论抗辩在英文中叫"more speech",意思是由于错误的事实陈述,能在即时通信过程中得到纠正,所以这种情况下的发言不需要遵循相当性原则,也就是不一定要有相当的事实依据,就可以就某事展开论述。这是美国法重视言论的自我澄清功能创造的,日本法也有所借鉴。这种观点认为,言论的发表和传播也存在竞争,就像商品一样,在市场能通过优胜劣汰,自动清除一些劣质的商品,言论的市场也是,那些不良的言论,也会被言论的市场淘汰出局,留下的一定是优秀的言论。

另一个问题是当某人在网上发表了某种言论伤害到他人的名誉权,为该言论提供网络空间的网络服务商是否需要承担侵权责任?日本法院认为,一般情况下,网络服务商可以被豁免名誉侵权责任,但是如果被侵权人要求网络服务商删除特定的言论,网络服务商没有及时删除,这种情况下网络服务商也需要承担名誉侵权的责任。这么做的理由作者并没有具体分析,笔者的思考是,网络服务商尽管在日常监督中没有能力监管所有侵权言论,但当权利人发现问题,向网络服务商提出异议之后,网络服务商的删除不当言论的成本就会降低很多,这时候如果他仍然不删除侵权言论,就应该承担名誉侵权连带责任。

以上介绍的是日本法上其他媒体上的公共言论作为名誉侵权的抗辩事由的情况。

三、媒体以外的名誉侵权

五十岚清教授介绍的第三类名誉侵权的抗辩事由是媒体以外的其他群体正当行使权利也可以作为名誉侵权的抗辩事由。具体包括以下几项。

1. 个人行使正当权利

比如索要债务,或者向法院起诉要求他人履行债务。日本法院认为,这类行为一般可以豁免名誉侵权,但如果行为人明知自己的主张缺乏事实和法律的依据,或者作为正常人应该知道自己的主张缺乏事实和法律依据,仍然索取债务或者起诉他人,就可以作为名誉侵权行为。这其实遵循的是相当性原则或者过错原则,因为明知或应知毫无理由(事实上和法律上),就是法律上的故意和过失。之所以将这种行为认定为名誉侵权,是因为他违背了裁判的目的,造成司法资源的浪费。[①]

[①] 参见[日]五十岚清:《人格权法》,[日]铃木贤、葛敏译,北京大学出版社2009年版,第85—86页。

2. 控告或举报他人犯罪

比如看到疑似犯罪嫌疑人,在未加确认的情况下举报,或者没有充分证据的情况下举报,或者听信他人言辞而举报,都被认为侵犯他人的名誉。这里遵循的也是相当性原则,也即必须有一定的证据才能举报,不能捕风捉影,听信谣言,若给他人造成名誉损害,就可以作为名誉侵权来看待。

但是要注意的是,也有许多案件的处理日本法院遵循"实质恶意"原则,也即只要人们相信某人真的就是罪犯,然后控告或举报,就不能说是名誉侵权。这么做对打击和预防犯罪是有利的。比如有人听信别人的言辞而举报某人犯罪,并不视为名誉侵权。那么到底什么样的举报是名誉侵权,什么样的不是呢?可能还得在具体案件中审慎地考量。此外还有一些证人或"知情人",错误指认某人犯罪,最后他被证明是无辜的情况,一般也不作为名誉侵权看待,这里所采取的原则也是"实质恶意"原则,也即只要不是故意的,就不算是名誉侵权。

3. 民事诉讼中的名誉侵权

关于诉讼导致他人的名誉受损,前面已经讲到过控告他人,造成名誉侵权的,只要控告不是故意或者过失,行为人就不承担名誉侵权的责任。在整个诉讼过程中,诉讼参与人应该享有的抗辩权。比如在起诉状、答辩状中,在提交的证据中,在法庭陈述、法庭辩论中,在判决书的公布、报道和评论中,涉及他人的名誉权的,这时候到底承担什么责任?

在这一点上日本的做法类似于美国。前面已经说过,美国法中,司法活动中原被告的行为享有绝对的豁免权,哪怕是故意造谣诽谤,都不负责任。但日本的做法稍有不同,它类似于美国法上的相对豁免,或者说遵循"实质恶意"原则,如果行为人故意发布虚假言论,损害他人名誉,也还是要负名誉侵权责任的。①

另外在诉讼之外的民事调解中,如果发生名誉侵权纠纷,是不是要承担责任呢？一般认为,由于调解行为是私下进行的,缺乏公开性,名誉就谈不上损失。律师的辩护虽然也可以作为名誉侵权抗辩事由,但太过分的言辞,比如有律师指责对方律师让诉讼关系人作虚假的陈述、颠倒黑白,还有的律师指责某人的父母是疯子,都被认为是名誉侵权。

当事人的供述也是重要的抗辩事由,只要存在相当的证据证明自己的言论,一般也可以豁免名誉侵权责任,但毫无根据的虚假陈述,也构成名誉侵权。比如在一个涉及婴儿死亡的医疗纠纷中,医院一名医生说,产妇的丈夫说过"死产也可以",被认为名誉侵权。大体上这类案件的裁判也遵循真实性、相当性原则。

判决的公布、报道和评论,也是名誉侵权的抗辩事由之一。容易产生争议的是判决书直接公开了原被告的姓名。近年来许多媒体在报道案件时隐去了当事人的真名,相关的案件便少了很多。不过即使公开了原被告的真名,日本法院一般也不作为名誉侵权来处理。

4. 违法执行公务

除了民事诉讼作为名誉侵权的抗辩事由的情况之外,公务人员在行使公权力,比如对某人作出调查时,也经常会影响到他人的名誉。日本也有法律规定,公务人员行使公权力时,应尽量不侵犯犯罪嫌疑人或第三人的名誉。对此类问题,日本法院在大多数情况下根据会根据真实性、相当性原则判断公务人员有无侵犯公民的名誉权。但因为公务人员的行为服务于公共利益,一般来说,只要有相当的依据,就可以被豁免名誉侵权责任。

当然也有一些例证被认为不满足相当性原则,构成了名誉侵权。比如：(1) 对行政相对人采取高压的、侮辱性的言辞；(2) 将女律师赶出警察局；

---

① 参见[日]五十岚清：《人格权法》,[日]铃木贤、葛敏译,北京大学出版社2009年版,第90页。该书的说法是,"(a) 具有加害故意,对虚假或无关的事实进行主张及(b) 表现的内容或方式欠妥"。这其实类似于美国法上的相对豁免,就是说只要不是故意就不用负责任。这里的内容或方式,主要指说话人的批评意见,比如作者举例说,"品质低劣、行为卑鄙"的说法被认为是名誉侵权。

(3) 没有充分证据地逮捕他人(包括将农学博士当作正在通缉的罪犯逮捕,以及把律师当作犯人口头传唤,以及仅仅根据受害人的控告或者第三人的供述就紧急逮捕某人);(4) 没有相当的证据的情况下随意调查某人;(5) 公务人员在案件调查阶段,在缺乏相当证据的情况下公布案件情况。

除了侦查活动会造成公民名誉损害之外,政府有关部门发布的针对特定问题的调查报告,也可能会产生名誉侵权的问题。一般来说,只要符合相当性,也即有相当的证据证明调查的结论,就不作为名誉侵权看待。比如某政府部门发布调查报告说,某洗衣粉厂家通过限制生产和销售的手段哄抬物价,受到厂家的名誉侵权诉讼,法院判决司法机关缺乏相当的证据而发布特定消息,构成名誉侵权。

但也有一些案件不是从真实性、相当性原则入手来判断行政机关发布的调查报告是否侵权,而是从公布的目的、公布内容的性质和真实性、公布的方法和形式、公布的必要性和紧急性几个方面入手,来衡量"公布带来的利益和公布带来的不利益"谁大谁小(不利益也即损害),最后判断是不是允许公布,以及是不是豁免公布所带来的名誉侵权责任。

比如有一个案件,日本卫生部门在调查一起儿童食物中毒、集体腹泻事件时,认为某厂家生产的胡萝卜苗可能是导致腹泻的原因,但最终调查的结果与此结论不同,胡萝卜苗生产厂家控告政府部门名誉侵权,法院根据上述比较衡量的方法,判决认为卫生部门最初公布的调查结论,不具有相当性,构成名誉侵权。这是公务活动造成的名誉侵权问题。

5. 选举及其报道引起的名誉侵权

竞选人相互竞争时所发表的言论,以及对选举的报道,在日本虽然给予这类言论很大的自由,评论人可以给予很激烈的批评意见,但是日本法院不承认绝对豁免学说。换句话说,如果行为人故意捏造事实,诽谤他人,还是要承担名誉侵权责任。可见这里采取的仍是真实性、相当性原则,发言人必须有相当的证据才能声称某一事实。对选举的报道也是一样的,一般也是以真实性、相当性原则,来确定报道有无侵犯被选举人的名誉权。但也有少数学者认为,对选举的报道应该给予更大的自由,应该根据"实质恶意"原则来处理这类名誉权案件。换句话说只有直接或间接故意诽谤,才需要承担名誉侵权责任；仅仅是未能对自己主张的事实做充分的核实，不算是名誉侵权行为。

6. 针对公务员的名誉侵权

下面说的是媒体针对公务员的名誉侵权。对这类案件，日本法院一般也是以真实性和相当性原则来判断媒体的报道是否侵犯了官员的名誉权，少数学者主张应该学习美国的做法，给予媒体更大的报道自由，让媒体发挥监督公共官员的作用。

7. 议会上的发言引起的名誉侵权

比如议员在议会讨论的时候，发表了一些不符合事实的言论，导致他人名誉毁损，如果符合相当性原则，是具有一定的事实依据，也可以免于名誉侵权责任。

8. 劳资关系中的名誉侵权

比如管理者与员工之间的个人攻击，员工造成公司名誉下降，惩戒处分造成员工名誉下降，惩戒员工时对员工的调查，工会对会员的处分等引起的名誉侵权。

9. 团体内部的名誉毁损

比如医师会、宗教团体等其他团体对自己会员的处罚，引起会员的名誉毁损。

10. 私生活的调查和信用调查

比如雇主派人调查雇员有无损害公司利益的行为，或者A公司在和B公司合作时，派人调查B公司的信用。

11. 信用毁损

对产品质量有疑问时进行的抽样检测、对不同商品进行比较并进行评奖评优、竞争者相互诋毁对方名誉、媒体发表评论损害商品信誉以及组织群众运动抵制某种商品而损害商品信誉。

上文是对日本法上的名誉侵权的抗辩事由作了一个概括的介绍,主要借鉴了五十岚清教授的著作,因为日文书写的逻辑不太适合中国读者,所以本书进行了一些编排,便于读者阅读和参照。从介绍中可以看出日本法对名誉侵权的抗辩,是按照社会生活领域的不同展开的,比如先谈新闻媒体,再谈其他媒体,最后是媒体之外的言论,这一点和美国、英国的分类有很大区别。不过和美国、英国一样,一些常见的抗辩事由,比如新闻报道、对公务人员违法的控告、犯罪的检举等,在日本的法律实践中也同样存在。这说明不同的社会往往要处理相同的问题,这为我们借鉴不同国家处理类似问题提供了方便。最后我还要介绍一下德国法上名誉侵权的抗辩事由。

第四节 德国法上名誉侵权的抗辩事由

一、德国法对名誉侵权抗辩事由的不同分类

上文说到英美等国的名誉侵权抗辩事由,有的从权利享有者(比如个人、集体、国家)的不同出发来介绍名誉侵权的抗辩事由,有的是从言论载体(如报纸、其他媒体、非媒体)的不同出发来介绍名誉侵权的抗辩事由。而德国的名誉侵权抗辩事由是从权利类型的不同出发进行分类的,也就是从抗辩所要达到的目的来介绍名誉侵权的抗辩事由。

比如为了保护言论自由而限制公民的名誉权,或者为了保护学术自由而限制公民的名誉权,还可以为了保护艺术自由限制公民的名誉权。可是这些名誉侵权的抗辩事由在运用中有什么特点呢?除了这些基本的权利可以作为抗辩事由之外,德国法上还有没有别的抗辩事由呢?这些都需要进一步研究。

介绍和研究德国的名誉侵权抗辩事由的中文资料不多。笔者下文将利用有限的著作和论文,再结合一些德文原版的判例和论文,梳理一下德国法上名誉侵权的抗辩事由,希望将不同学者的论点综合,并对遗漏的、错误的地方进行补充和辨析。

二、德国法上名誉侵权抗辩事由的具体类型

关于德国法上名誉侵权的抗辩事由,德国民法学家卡尔·拉伦茨在德文原版的《德国民法总论》中讲到了五个方面(书中讲的抗辩事由针对的是所有的人格权,但也适用于名誉权):一是艺术创作的自由(德国宪法第5条第3款第1项),二是意见表达的自由(德国宪法第5条第1款),三是科学研究的自由(德国宪法第5条第3款),四是起诉(Geltendmachung)和答辩(Verteidigung),五是《刑法典》193条中的正当利益的保护(Wahrnehmung der Berechtiger Interessen)。[①]

这五项中,前几项不难理解,第四项稍微解释一下,意思是我们为了保护自己的权利,而对他人提起诉讼,或者保护自己的权利出庭答辩,这是司法活动中的豁免,此前说到英美法的时候,这种场合的发言是受绝对豁免的。

至于第五项,德国法院在民事判决中指出,《刑法典》第193条列举的抗辩事由在民事案件中也同样适用。[②] 这就能说明为什么前面拉伦茨教授将刑法上的第193条作为抗辩事由了。下面来具体看看德国《刑法典》第193条的规定,此处的条文引自徐久生和庄敬华先生翻译的德国《刑法典》:

第193条 (正当权益的维护) 有关科学、艺术、职业上的成就所进行的批评,或与此相类似的为履行或保护权益,或维护其正当权益所发表的言论,以及上级对下属的训诫和责备,官员职务上的告发或判断,以及诸如此

---

① Karl Larenz, Manfred Wolf, Allgemeiner Teil des Bürgerlichen Rechts, C. H. Beck, München, 2004, S. 139.

② J. W. G van Der Walt, "Truth and Public Interest in German Defamation Litigation against the Media," *Journal of South African Law*, 1998(3), pp. 483-493.

类的情况，只有在根据其陈述方式或侮辱发生的当时情况，认为已构成侮辱的，始受处罚。①

这一条规定很长，笔者结合德文原文，考察一下它包含哪些抗辩事由。首先要解释一下的是，这里说的抗辩事由，不仅仅像徐教授翻译的那样，只针对侮辱罪。因为这一条中的"侮辱"的德文原文是"Beleidigung"，它其实有几个意思，既可以翻译为侮辱（非基于事实的、以辱骂为主要形式的名誉毁损），也可以更概括地翻译为名誉毁损，也包括诽谤（主要基于事实的、通过捏造、歪曲进行的名誉毁损）。

这么说是因为193条所在的这一节的标题也是"Beleidigung"，徐教授将其翻译为"侮辱"。但是在这一节中有的条款不能被侮辱所涵盖，比如德国《刑法典》第192条规定：（虽有真实证明仍成立侮辱） 如果侮辱是根据断言或散布的形式或根据侮辱发生的情况来认定的，即使其所断言或散布的事实有真实证明，也不排除适用第185条规定的刑罚。②

这里的"断言"结合德文"Behauptung"来看，其实就是陈述某一事实，而"散布"结合德文"Verbreitung"来看，也就是传播某一事实。对照德文原文来看，它的意思应该是，即便有证明事实的依据，如果从陈述和传播的形式，或者根据当时的其他情况，仍能看出名誉毁损的存在，也应该作为名誉毁损罪看待。

"有证明事实的依据"是我们都知道的民法上的一项重要的名誉侵权抗

---

① 徐久生、庄敬华：《德国刑法典》，中国方正出版社2004年版，第102页。德文原文：§193（Wahrnehmung berechtigter Interessen）Tadelnde Urteile über wissenschaftliche, künstlerische oder gewerbliche Leistungen, desgleichen Äußerungen, welche zur Ausführung oder Verteidigung von Rechten oder zur Wahrnehmung berechtigter Interessen gemacht werden, sowie Vorhaltungen und Rügen der Vorgesetzten gegen ihre Untergebenen, dienstliche Anzeigen oder Urteile von seiten eines Beamten und ähnliche Fälle sind nur insofern strafbar, als das Vorhandensein einer Beleidigung aus der Form der Äußerung oder aus den Umständen, unter welchen sie geschah, hervorgeht.

② 徐久生、庄敬华：《德国刑法典》，中国方正出版社2004年版，第102页。德文原文：§192（Beleidigung trotz Wahrheitsbeweises）Der Beweis der Wahrheit der behaupteten oder verbreiteten Tatsache schließt die Bestrafung nach §185 nicht aus, wenn das Vorhandensein einer Beleidigung aus der Form der Behauptung oder Verbreitung oder aus den Umständen, unter welchen sie geschah, hervorgeht.

辩事由,也即如果当事人有证明事实的依据,且这项事实又关系到公共利益,虽然该事实后来被证明不存在,当时对该事实的公开也不算是名誉侵权。同时我们也知道,事实能够证明是豁免诽谤而不是豁免侮辱的一个重要前提,所以该条中的"侮辱"其实翻译得并不准确,应该翻译为"名誉毁损"。

说完这一点之后,我们来看看 193 条到底提到了哪几种名誉侵权抗辩事由?

第一,"有关科学……的成就所进行的批评"。保护的是"科学研究的自由",条文中规定对科学成就的批评不算是名誉侵权,和本书的主题相同。

第二,"有关……艺术……的成就所进行的批评"。保护的是"艺术创作的自由",条文中规定对艺术创作的成就的批评,也不算是名誉侵权。

第三,"有关……职业上的成就所进行的批评"应该保护的是"评价商品和服务的自由",因为这一条中的职业的成就(gewerbliche Leistungen),也可以翻译为商业上的成就,即商品和服务的表现,对这些商品和服务的表现进行的评价,就如同网购中的差评一样,也不算是名誉侵权。

第四,"上级对下属的训诫和责备"。保护的是"组织的上级对下级的管理",也即一个机关、企业、事业单位的管理人员对被管理者进行负面评价的目的是改善业绩,这种情况不能算是名誉侵权。因为一个机关、企业、事业单位是为了完成一项共同的任务(比如提高生产,加快销售),组织必须要有一定的纪律,否则就难以运行。这种管理者对劳动者的评价甚至命令,也是管理者和劳动者自愿签订的劳动合同所规定的,组织付给员工工资,员工有义务服从组织的管理。这在英美和日本法上都没有规定和案例。要注意的是,这种管理也要尊重员工的基本权利,就是说要遵循必要性原则,不能过度。

第五,"官员职务上的告发或判断"。保护的是公民对于国家公务员的批评,对公务人员履行职责、行使职权的情况的评价、批评和举报,这也是名誉侵权的抗辩事由。前面介绍美国法和英国法时,都提到过公民对于违法、犯罪的举报和控告,对于公务人员的违法、犯罪的举报当然也不例外。其实即使公务人员的行为还未达到违法、犯罪,公民也有资格进行批评,这是民主社会的标志。总之,对公务人员的评价和举报,是名誉侵权的一项重要的抗辩事由。

第六,"履行或保护权益"保护的是公民本人的权利。"履行权利"的意思是正当行使自己的权利;而"保护权利"也可翻译为"守护权利",意思是当个人权利有被剥夺的危险时,公民有义务设法守护它。有一点要注意的是,这里的"权利"和该条后面的"利益"不同,前者是宪法或其他法律上明文规定的权利,是有法律的依据,而后者虽然也是正当的,但还没有达到法律明文规定的程度。这一点我们再作详论。

第七,"维护其正当权益"保护的是一种道德上正当的利益,"权益"德文原文是"Interest",其实是一种"利益","正当"的德文是"berechtigter",它的近义词是"legitim"也即"正当的",符合"正义的"。需要注意的是,正当性和合法性(也即法律有明文规定)是有区别的,这种区别可以分为两个层次:一是法律上没有明文规定,但也是非常值得保护的利益;二是法律上有明文的规定,但也有可能因为法律本身的问题,对其无法加以保护。举个例子,某人在公园散步,被他人阻拦,两人发生争执,双方或许发表了侮辱性的言论,但这是人们为了维护自己在公园散步的利益,所以也不算名誉侵权。

总之,从德国《刑法典》第 193 条来看,名誉侵权的抗辩事由可以分为七项,如果将其和拉伦茨教授提到的五项抗辩事由比较,就可以看出二者有很多重合的地方。拉伦茨教授讲的五项抗辩事由为艺术创作的自由、意见表达的自由、科学研究的自由、起诉和答辩和正当利益的保护;德国《刑法典》的七项抗辩事由为艺术创作的自由、意见表达的自由、科学研究的自由、组织的上级对下级的管理、评价和举报公务人员、履行或守护权利、维护正当利益。二者有四项是一样的,合并一下,就可以得出八项:(1) 艺术创作的自由;(2) 意见表达的自由;(3) 科学研究的自由;(4) 组织的上级对下级的管理;(5) 起诉和答辩;(6) 评价和举报公务人员;(7) 履行或守护权利;(8) 维护正当利益。

这就是本书总结的德国法的名誉侵权的抗辩事由的具体类型。最后要提的一点是,也有许多学者将"同意"作为名誉侵权抗辩事由的一种。但笔者认为,可能发展为名誉侵权纠纷的,多数情况下当事人都没有同意,所以将同意作为名誉侵权抗辩事由的意义不大。即便有时候当事人同意他人公布某种信息,然后又提出诉讼,也不需要将同意作为一项单独的抗辩事由,因为同意是其他许多法律纠纷(如侵权纠纷或合同纠纷)的抗辩事由,不单单适用于名誉侵权案件。

说完名誉侵权抗辩事由的具体类型之后,下面要问的是,德国法上名誉侵权的各种抗辩事由是如何运用的呢?这方面中文的资料不够系统,下面笔者结合德文资料,作一下整理和介绍。

三、德国法上名誉侵权抗辩事由的具体运用

1. 意见表达自由在名誉侵权抗辩中的运用

先来说说意见表达自由如何对抗名誉侵权。意见表达自由是德国的说法,它其实就是其他国家所说的言论自由。前面我们说过,言论自由之所以颇受重视是因为它的有助于实现自我、沟通意见、追求真理、监督政治等作用。德国学者怎么看的呢?德国民法学家拉伦茨说:"意见自由表达的权利有助于人格权的自由发展,也有助于通过民主程序形成某种成熟的意见。"[①]"当意见表达或新闻报道涉及公共利益时,它们应该受到更多的容忍。因为人们可能出于政治的或者其他的原因必须知道某些信息,也可能通过讨论公共事件,形成合理意见,解决社会问题。"[②]

此外德国社会在保护言论自由时还有一个特点,就是将一些商业性的言论,也视为言论自由的保护对象。拉伦茨说:"意见自由表达权(宪法第5条第1款)归属于每个人,但特别归属于像报纸、广播和电视一样的大众媒体。因此出版自由也是意见自由表达权的一部分。出版自由除了包括获取和传播新闻报道之外,还包括为了销售的目的而实施的广告宣传的

---

① Karl Larenz, Manfred Wolf, Allgemeiner Teil des Bürgerlichen Rechts, C. H. Beck, München, 2004, S. 139.

② Karl Larenz, Manfred Wolf, Allgemeiner Teil des Bürgerlichen Rechts, C. H. Beck, München, 2004, S. 139.

权利。"①

德国法在处理新闻报道与名誉权的冲突时,一般将伤害名誉的言辞可分为两种情形对待:事实描述与价值判断。② 下面我们进行介绍。

第一,对于事实描述是否侵犯名誉权,德国名誉侵权法和美国不同,而类似于日本法,他们会审查陈述的真实性。如果陈述是真实的,当然可以免于名誉侵权责任。③ 但是德国法院也保护未被证实的、不真实的消息(甚至谣言)的发布,如果行为人"为了正当利益"的实现,而且对于不真实的言论尽到了注意义务,就可以免于名誉侵权的处罚。

对此,德国法院认为,不真实的言论有时候也是有价值的,特别是行为人是在执行和捍卫一项重要的权利的时候,要注意的是行为人要履行一定的注意义务。④ 德国民法学者福克斯在《侵权行为法》也指出:"为了在两者(言论自由和人格权,后者包括名誉权)之间找到一个恰当的平衡点,联邦最高普通法院设立了一种注意义务。"⑤即使为了正当利益,也必须采取达此目的所必须的和适当的方式(erforderlich und geeignet)。⑥

所谓是否尽到注意义务,具体说就是行为人既不能故意(bewußt)陈述不真实的内容,⑦也不能随意(lightly)陈述不真实的内容,⑧反过来说,如果行为人"故意或者极其疏忽大意地(grob fahrlässig)发表不真实或者后来被证明为不真实的内容"⑨,就是未能尽到注意义务。这里的"故意"其实相当

---

① Karl Larenz, Manfred Wolf, Allgemeiner Teil des Bürgerlichen Rechts, C. H. Beck, München, 2004, S. 139.
② Horst Ehmann, Zur Struktur des Allgmeinen Persönlichkeitrechts, JuS 1997, 193 ff.
③ Horst Ehmann, Zur Struktur des Allgmeinen Persönlichkeitrechts, JuS 1997, 193 ff.
④ BverfGE 114, 339, (353f).
⑤ 参见[德]马克西米利安·福克斯:《侵权行为法》,齐晓琨译,法律出版社2006年版,第59页。
⑥ Horst Ehmann, Zur Struktur des Allgmeinen Persönlichkeitrechts, JuS 1997, 193 ff.
⑦ Kirsten Lehnig, Der verfassungsrechtliche Schutz der Würde des Menschen in Deutschland und in den USA, LIT, 2003, S. 266.
⑧ Edward J. Eberle, *Dignity and Liberty: Constitutional Visions in Germany and the United States*, Praeger Publishers, 2002, p. 239.
⑨ Karl Larenz, Manfred Wolf, Allgemeiner Teil des Bürgerlichen Rechts, C. H. Beck, München, 2004, S. 141.

于我国法律上的"直接故意",而"随意"或者"极其疏忽大意"(grob fahrlässig)则相当于美国法上的毫不在意和我国法上的间接故意。

然而这样说"注意义务",还是在人的心理上打转,我们怎么来验证呢? 我们必须找到一些现实的指标来说明一个人的内心状况,对此学者们也提出了一些明确的判断标准。与美国法不同,德国法上证明行为人不是明知或随意发布虚假消息的责任,不在名誉受损一方(原告),而在名誉侵害一方(被告)。这么做的理由按照德国学者的说法,是这种证据存在于被告控制的领域内的,原告没有能力去证明。[1] 下面我们具体来看,行为人如何证明自己尽到了注意义务:

首先,我们要看言论对名誉的伤害大不大? 德国法院在判例中指出,行为人发表的言论对他人名誉的伤害程度越大,注意义务就越重。[2] 德国民法学家福克斯也说,在判断行为人有没有尽到注意义务时,要考虑"行为人发布的言论多大程度上可能给当事人造成侵害人格权的负担"[3]。反过来说,如果言论对他人名誉的伤害不大,即便行为人没有尽到多大的注意,也不算是名誉侵权。

其次,我们要看言论对名誉的伤害是不是比言论所保护的利益相对更轻?[4] 对此,德国民法学家福克斯指出,在判断行为人有没有尽到注意义务时,要考虑"言论的发布对公众的重要性"[5]。另外也有学者认为,行为人必须证明,如果不发布这些信息,公共利益所受到的威胁将会高于个人名誉的价值。[6] 因此"对于刑事诉讼和犯罪行为的及时报道,特别是对于犯罪嫌疑人的报道,一般来说优先于个人的人格保护,由于公众有知悉这些信息的权

---

[1] Kirsten Lehnig, Der verfassungsrechtliche Schutz der Würde des Menschen in Deutschland und in den USA, LIT, 2003, S. 267.

[2] BverfGE 114, 339, (353f).

[3] 参见[德]马克西米利安·福克斯:《侵权行为法》,齐晓琨译,法律出版社 2006 年版,第 59 页。

[4] BverfGE 114, 339, (353f).

[5] 参见[德]马克西米利安·福克斯:《侵权行为法》,齐晓琨译,法律出版社 2006 年版,第 59 页。

[6] J. W. G. van Der Walt, "Truth and Public Interest in German Defamation Litigation against the Media," *Journal of South African Law*, 1998(3), pp. 483-493.

利(和利益),要注意的是犯罪人后期的再社会化也不能被威胁"①。就是说,因为让每个公民了解什么人在什么时候、什么地方容易发生犯罪,能让他们更好地保护自己的生命和财产,这种利益比犯罪嫌疑人的个人名誉重要得多。但如果犯罪人已经出狱了,为了保护犯罪人的再社会化,就不允许再报道当年的犯罪行为。

再次,我们要看言论对他人名誉的伤害,是不是达成这一保护目标必不可少的手段。② 对此,也有学者主张,我们必须考虑发言人是否采取了必要的和适当的手段。③ 具体怎么做呢?有学者认为,对于这些言论,必须要有具体的证据(konkreter Anhaltspunkte)支撑。④ 另一些学者认为,要考虑"已有的证据在何种程序上可以证明事实的存在?还存在哪些可以查清事实的可能性?并且这些可能性是被充分利用了"。换句话说就是行为人已经查找了可能的信息来源,但仍然没有找到真实的信息。正因为这个原因,"对媒体的要求要比对个人的要求更为严格,因为个人往往也是通过媒体而获取信息的"⑤。

最后,在证明责任方面,德国法不要求名誉受损者(原告)证明言论发表者(被告)存在故意或者过失,证明的责任由被告承担。在德国的一个案例中,顾客 K 在一个超市看到该市市长 B 将一瓶鱼子罐头藏进口袋,K 通知了市场保安 D,在收款处 B 以盗窃嫌疑被 D 大声叫住,被要求到办公室接受检查,由于 B 身份特殊,此事引起轰动。然而 B 仅仅将鱼子罐头藏了一会儿,便将其放进购物车,并按规定付款。B 的名誉受到了毁损,能否请求赔偿精神损失?此案中为防止商店被盗窃的(公共)利益,顾客 K 对事件不真实的叙述以及保安的搜查要求是合理的。但是其所采取的手段存在问

---

① Karl Larenz, Manfred Wolf, Allgemeiner Teil des Bürgerlichen Rechts, C. H. Beck, München, 2004, S. 141.

② BverfGE 114,339,(353f)。

③ Horst Ehmann, Zur Struktur des Allegmeinen Persönlichkeitrechts,JuS 1997,193 ff.

④ J. W. G. van Der Walt, "Truth and Public Interest in German Defamation Litigation against the Media," *Journal of South African Law*, 1998(3), pp. 483 - 493.

⑤ 参见[德]马克西米利安·福克斯:《侵权行为法》,齐晓琨译,法律出版社 2006 年版,第 59 页。

题,即使怀疑市长 B 有事实根据,其也应该尽可能地秘密指出 B 的问题。①以上我们说的是如何在真实性方面判断一个言论是否合法,下面我们要看如何在正当性方面判断一个言论(特别是人们对他人的评价)是否合法。

第二,关于价值判断是否合法,主要是要考察在评价他人时的言论是否过分伤害了他人的自尊、他人的情感,构成人格侮辱。对此,首先要注意的是,和美国法对待言论自由和人格尊严(或名誉感)的方式不同,德国法更重视保护人的尊严,也即人作为人应受的基本尊重。比如在一个案例中,德国一名官员在报纸上被人刻画成一头猪,还在和几头穿着"法袍"的猪(暗指法官)在交配。法院认为这种讽刺画超过了恰当的界限,因为"性行为"是个人尊严最私密的领域,"将某人描绘出动物,并公开展示其交配的场面,是对人的尊严最严重的侵犯"②。该案和美国的《好色客》诉福尔韦尔案近似,却有着截然不同的判决结果。

类似的案例还有,某工会的新闻机构发表文章称保守的《德意志杂志》是一份具有煽动性的右翼杂志,这种描述在二战后的德国是令人非常不悦和厌恶的。杂志社提起名誉侵权诉讼后,联邦宪法法院判决认为,工会有权提出批评,可以使用尖刻的、讽刺的言论,但不能随意侮辱、谩骂。针对被告提出的限制"言论的表达方式"会影响公民表达自由的问题,法院认为,虽然言论的表达形式的限制会影响言论的自由表达,但相比对言论表达内容的限制,对言论表达方式的限制要轻微得多,所以这种限制并没有侵犯言论自由。将言论分为内容和形式,这是德国法的创造性做法。美国法院对此的态度是,言论的表达方式也是言论的内容的重要组成部分,限制"言论的表达方式"也就是限制言论的表达内容。③

以上是德国法对侮辱、诽谤性言论的态度。但也有学者指出,德国法在 20 世纪下半叶,也出现了类似美国法重视言论自由的倾向。最早表现这个倾向的案件是 1958 年的吕特(Lüth)案,该案在国内学者的介绍中常常是被

---

① Horst Ehmann, Zur Struktur des Allgmeinen Persönlichkeitrechts, JuS 1997, 193 ff.
② Edward J. Eberle, *Dignity and Liberty:Constitutional Visions in Germany and the United States*, Praeger Publishers, 2002, pp. 222 - 224.
③ Edward J. Eberle, *Dignity and Liberty:Constitutional Visions in Germany and the United States*, Praeger Publishers, 2002, pp. 222 - 224.

作为人格权和言论自由相冲突的典型例证来讨论的。吕特的抵制行为是在行使言论自由权,而导演哈兰则是在守护自己的人格权。是事实的虚假导致名誉侵害,还是评论的不当导致名誉侵害,学者们还没有详细说明。其实这里侵犯的是名誉权之中的"名誉感",是个人人格受尊重、不被侮辱谩骂的权利。该案不涉及虚假的事实,仅仅是抵制行为对他人的尊严或名誉感构成了侵犯。其大致内容是,德国某新闻协会主席吕特发现纳粹时期很红的一位导演维特·哈兰,再次出道拍摄电影,于是号召民众抵制电影的放映。电影公司向法院申请临时禁令,希望通过法院制止吕特的抵制行为。虽然地方法院支持了电影公司的诉求,但联邦宪法法院判决否决了地方法院的判决,联邦宪法法院认为,吕特对维特·哈兰的指责和抵制,虽然带有一定的侮辱性,但仍是行使言论自由的重要方式,因为吕特的言论并非专门针对个人的侮辱、诽谤,而是具有一般政治或文化意义的行为。所以电影公司无权禁止吕特的抵制行为。[①]

20世纪90年代后的另一个案件也采用了类似的推理过程,案件名为施泰恩诉斯特劳斯(Stern v. Strauss),讲的是学者施泰恩(Stern)在接受采访时,说斯特劳斯(Strauss)是一个机会主义的民主主义者,遭到斯特劳斯的起诉。德国联邦宪法法院并没有支持斯特劳斯的观点,而是认为该案的言论发表者不是专门以诽谤为目的,也不是要针对某一个人,而是提醒民众提防某一类人,他们不是真正的民主主义。法院最后总结指出,虽然在某些言论中含有一些侮辱、诽谤的内容,但是如果这些言论的主要目的不是专门针对特定个人的侮辱,而是有其他一些重要的目标,那它们也不算是侵犯名誉权。[②]

从这两个案件可以看出,首先,20世纪末德国法也受到美国的影响,一定程度上允许过激言论,向言论的自由发表一方倾斜。不过德国法所保护的过激言论还是"对事不对人",意思是针对社会上出现的类似的、总体的倾向作出批评,而不是专门针对个人的尊严肆意进行攻击。所以应该说德国

---

① 参见谢立斌:《德国法律的宪法化及其对我国的启示》,《浙江社会科学》,2010年第1期。

② Edward J. Eberle, *Dignity and Liberty: Constitutional Visions in Germany and the United States*, Praeger Publishers, 2002, pp. 210-214.

名誉权法的变化并没有脱离德国法的原有框架,德国法禁止侮辱、谩骂的言论,保护人格尊严的这条红线并没有松动。

其次,价值判断本身比事实陈述原则上应具有更大的空间。拉伦茨教授是这样说的:"对于价值判断和意见表达而言,存在更大的空间。……原则上,对于价值判断和意见表达,我们不需要考虑它们的好坏和对错(Qualität und Richtigkeit)。""个人在形成意见和发表意见时,不像他在陈述事实时那样要受严格的民事诉讼的证明规则的审查,因为意见和评价很难用符合事实与否来判断。"①

再次,纯粹侮辱和谩骂的言论,应作为名誉侵权处理。对此德国法院提出:"侮辱性的言辞(Fomalbeleidigunge)和谩骂的言论(Schmähkritik),以贬低人为目的,不受意见表达自由的保护。"②也有学者提道:"辱骂性批评的特点在于,表达的内容已经不在于就事论事,而主要是对人进行贬损和羞辱,并且超出了论战和进行尖锐批评所应采取的正当方式。"③法院的意思是,要看行为人的意图,是对事还是对人?还要看行为人所采取的方式是不是必要的,有没有无端地谩骂?

最后,对于是否构成侮辱,德国法院认为:"查明的标准既不是表述人的主观意图,亦非被描述人的主观理解,而是没有成见的、理智的旁观者的认识;查明原旨时,不仅仅是局限于考察有争议的部分的内容,还必须结合表述的整个内容;除了表述的言辞内容,还要顾及与表述有关的其他情况;如果按照上述标准,仍然可以对表述作出多种并不互相排斥的理解,则应采取较有利于被告并且对被描述人损害最小的理解。"④总之要根据上下文以及当事人说话时的行为举止等情况来综合判断。

比如有学者指出:"要评判一个表述是否属于辱骂性的批评,在技术上

---

① Karl Larenz, Manfred Wolf, Allgemeiner Teil des Bürgerlichen Rechts, C. H. Beck, München, 2004, S. 139.

② Karl Larenz, Manfred Wolf, Allgemeiner Teil des Bürgerlichen Rechts, C. H. Beck, München, 2004, S. 140.

③ 参见[德]马克西米利安·福克斯:《侵权行为法》,齐晓琨译,法律出版社2006年版,第58页。

④ 参见[德]马克西米利安·福克斯:《侵权行为法》,齐晓琨译,法律出版社2006年版,第60页。

首先必须区分表述出来的内容与作者所选择的嘲讽的表达形式,并借此来查明表述的实质内容。尤其是在考察表述是否表达了对当事人的不尊重时,尤其要透过表述的形式而考察其实质内容。"[①]这里的关键在于:(1)看行为人有没有表现出对他人的不尊重;(2)将表述的形式和内容分开来看;(3)透过形式看内容,不能只看表面上的措辞(比如不能只看行为人有没有骂人是猪、是狗等等)。以上是德国法对新闻报道是否真实和新闻评论是否正当的判断标准。下面再说说艺术创作与名誉权发生冲突时的解决方法。

2. 艺术创作的自由作为名誉侵权的抗辩事由

对于艺术创作,特别是一些讽刺性的作品,在讨论它们是否侵犯他人的名誉权时,德国学者认为应给予艺术创作更大的自由。德国学者福克斯指出:"在讽刺作品中,透过其形式而考察其实质内容时,采取的标准要相对宽松。因为讽刺作品本身的特点就在于夸张、扭曲而产生戏剧化的间离(Verfremdung)效果。"[②]间离这个词的意思是和产生陌生感、让人意外、觉得突然。所以这类作品,不能和普通的对话一样来看待,要给它更多的容忍。

这么做的原因按照德国学者的观点,在于"讽刺性作品的目的是通过夸张、间离、扭曲(Verzerrungen)等艺术手段引人发笑,它也受意见表达自由以及艺术自由的保护。不过这种讽刺作品也要和作品的目的存在比例的和适当的关系,在名誉侵犯的目的和侵犯名誉的方式、侵犯名誉的类型以及侵犯名誉的程度之间保持合理的关系。所以仅仅为了私人利益的意见表达比为了公共利益进行的辩论和表达享有更小的保护"[③]。

---

① 参见[德]马克西米利安·福克斯:《侵权行为法》,齐晓琨译,法律出版社2006年版,第58页。

② 参见[德]马克西米利安·福克斯:《侵权行为法》,齐晓琨译,法律出版社2006年版,第58页。

③ Karl Larenz, Manfred Wolf, Allgemeiner Teil des Bürgerlichen Rechts, C. H. Beck, München, 2004, S. 140.

3. 起诉和答辩作为名誉侵权的抗辩事由

起诉和答辩也是名誉侵权的抗辩事由,其他国家都有类似的做法。对此德国学者的观点是:"如果某种言论是在法院或其他行政程序中的起诉或应诉等行为中发表出来的。他还受到更多的保护,即便它是不真实的,也是伤害他人名誉的。"这句话含有绝对豁免的意思,和美国法类似。至于其原因德国法院这样说:"因为这种意见的表达对于公平的审判(宪法第103条第1款)的实行是必要的,而且事实的真实与否恰恰是要在法院审判活动中得到审查的。"同时律师为当事人的利益在审判活动中进行的陈述,也同样不受审查。但律师不以个人名义受追诉,也是因为(宪法第12条规定的)职业自由保护的结果,不过侮辱和谩骂在这种情况下是被禁止的。[①]

4. 维护正当利益作为名誉侵权的抗辩事由

前面我们说过,为了维护正当利益,行为人可以侵犯他人的名誉权。对此可以参考前面提到的德国法案例——市长B盗窃鱼子罐头被发现引起的名誉侵权。

对于此案,法院的判决意见是,防止商店被盗是一种重要的私人利益,它可以作为对抗顾客名誉权的抗辩事由。换句话说,只要超市工作人员有相当的证据证明顾客有盗窃超市商品的嫌疑,就可以拦截和检查顾客,即使后来发现顾客没有盗窃。[②] 总之,为了个人正当利益,可以对他人名誉造成影响,但也要在必要的范围内采取行动,不能过度。

以上是我们对德国法上名誉侵权抗辩事由的具体运用的介绍,限于资料这些介绍还是以言论表达自由与名誉权相互冲突的例证为主。就德国法名誉侵权的抗辩事由而言,它们和其他国家也有类似的地方,像艺术创作的自由、意见表达的自由、科学研究的自由、起诉和答辩、评价和举报公务人员

[①] Karl Larenz, Manfred Wolf, Allgemeiner Teil des Bürgerlichen Rechts, C. H. Beck, München, 2004, S. 140.

[②] Horst Ehmann, Zur Struktur des Allgmeinen Persönlichkeitrechts, JuS 1997, 193 ff.

等,各个国家都差不多。但也有一些抗辩事由是德国所特有的,比如上级对下级的管理、履行或守护权利、维护正当利益等。但对于这些其他抗辩事由,法院则提出比较严格的要求,比如其行为的方式要遵循必要性原则等,这也是处理名誉侵权纠纷的一种重要的方法。

第五节 我国名誉侵权法对抗辩事由的构建

以上说的是美国、英国、日本和德国法上对名誉侵权的抗辩事由,下面谈谈这些国家不同的抗辩事由的共同趋势,以及这些共同趋势对构建我国民法上的名誉侵权抗辩事由有什么启发。

一、不同国家的名誉侵权抗辩事由的共同趋势

以上介绍了四个国家名誉侵权的抗辩事由,各国的分类有很大的差别。美国按照公共利益、本人利益和他人利益来分类;英国按照义务和利益加以分类(有的影响他人的名誉的言论是履行某种义务;有的影响他人名誉的言论是行使某种权利或捍卫某种利益);日本却是按照不同领域,如纸质媒体、电视媒体、网络媒体、非媒体等情况作了一个分类;德国则是根据权利的类型来划分名誉侵权的抗辩事由,言论自由、艺术自由、学术自由、行使企业管理的权力、行使民主监督权、获得裁判的权利以及更概括的行使某种权利、捍卫某种利益。

看了这些抗辩事由之后,笔者认为美国和日本的分类是比较好的,**既概括,又具体**。所以本书按照美国的方法,将上述所有重要的抗辩事由分为五种类型:一是为了保护公共利益影响他人名誉的;二是为了保护企业利益影响他人名誉的;三是为了保护被告本人的利益影响他人名誉的;四是为了保护第三人的利益影响他人名誉的;五是为了保护原告自身的利益影响他的名誉的。

第一个类型,为了保护公共利益影响他人名誉的情况有:新闻报道、娱乐报道、学术研究、文学艺术的自由、选举活动、立法活动、行政执法、犯罪侦查、司法审判、个人为媒体提供消息来源或为警察提供破案线索。

第二个类型,为了保护企业利益影响他人名誉的情况有:为了公司的利益考核员工、为了商业利益对其他企业作出评级、同业协会对会员资格的处罚和信用的评价、互联网服务商提供网络空间发表他人的诽谤性言论。举例来说,在劳动关系中为了管理员工,进行绩效考核,会在一定范围内对员工作出评价,以及有些公司在经营中会对其他公司的信用等级作出评价,即便这些活动影响到他人的名誉,也可以获得豁免。

第三个类型,为了本人的利益影响他人名誉的情况有:控告、起诉他人、为索要债务寄送信件或张贴标语、为企业之间的相互竞争侵害他人的名誉、在审判活动中为自己辩护。举例来说,在刑事诉讼、民事诉讼中,为保护自己的利益,控告他人,或者起诉他人,即便侵犯他人名誉,也可以获得豁免。此外为了索要债务,或者要求他人履行其他合同义务(比如缴纳房租、搬出房子),也可以通过张贴标语等形式主张权利,这种行为即便侵犯了他人的名誉,也可以获得豁免。

第四个类型,为了第三人的利益损害他人名誉的情况有:为他人作证,为保护亲属、朋友发布信息。

第五个类型,为了权利人本人的利益影响他人名誉的情况有:经权利人本人同意,以权利人自己作为小说创作的主人公。

以上分类对思考我国名誉侵权的抗辩事由、处理学术批评侵犯名誉权的法律争议极有借鉴意义。

二、我国立法和学术上对名誉侵权的抗辩事由的认定

我国民事立法对名誉侵权的抗辩事由,在《民法典》之前主要是由最高人民法院的司法解释确立的。简而言之,从司法解释来看,名誉侵权的抗辩

事由主要是三类:"事实基本真实""公正评论"和"权威消息来源"。① "事实基本真实"的意思是在报纸、电视等媒体上的文章,如果内容基本上是真实的,就不承担名誉侵权责任;"公正评论"是指消费者对产品表达自己的意见,不承担名誉侵权的责任;"权威消息来源"则是指新闻媒体根据国家机关发布的文书进行报道,或者对国家机关的行为进行报道,不承担名誉侵权的责任。

《民法典》的制定改变了这一"三分"状况,《民法典》将名誉侵权的抗辩事由分成了五类:新闻报道(合理核实义务)、舆论监督、文学、艺术作品、信用评价。② 可以看出,之前的"事实基本真实""权威消息来源"就被"新闻报道"(合理审查义务)代替了。换句话说,判断新闻报道是否侵犯了他人的名

---

① 司法解释的具体规定中关于"事实基本真实"抗辩的有:1993年的《最高人民法院关于审理名誉权案件若干问题的解答》第8条第1款规定:因撰写、发表批评文章引起的名誉权纠纷,"文章反映的问题基本真实,没有侮辱他人人格内容的,不应认定为侵害他人名誉权";1998年的《最高人民法院关于审理名誉权案件若干问题的解释》第9条第2款前段规定:"新闻单位对生产者、经营者、销售者的产品质量或者服务质量进行批评、评论,内容基本属实,没有侮辱内容的,不应当认定为侵害其名誉权"。关于"公正评论"抗辩的有:《最高人民法院关于审理名誉权案件若干问题的解释》第9条第1款规定:"消费者对生产者、经营者、销售者的产品质量或者服务质量进行批评、评论,不应当认定为侵害他人名誉权。但借机诽谤、诋毁,损害其名誉的,应当认定为侵害名誉权。"关于"权威消息来源"抗辩的有:《最高人民法院关于审理名誉权案件若干问题的解释》第6条前段规定:"新闻单位根据国家机关依职权制作的公开的文书和实施的公开的职权行为所作的报道,其报道客观准确的,不应当认定为侵害他人名誉权。"相关研究也可参见姜战军:《中、英名誉权侵权特殊抗辩事由评价、比较与中国法的完善——兼评英国〈诽谤法案2013〉对名誉权侵权特殊抗辩事由的改革》,《比较法研究》2015年第3期。

② 《民法典》第1025条:"行为人为公共利益实施新闻报道、舆论监督等行为,影响他人名誉的,不承担民事责任,但是有下列情形之一的除外:(一)捏造、歪曲事实;(二)对他人提供的严重失实内容未尽到合理核实义务;(三)使用侮辱性言辞等贬损他人名誉。"第1026条:"认定行为人是否尽到前条第二项规定的合理核实义务,应当考虑下列因素:(一)内容来源的可信度;(二)对明显可能引发争议的内容是否进行了必要的调查;(三)内容的时限性;(四)内容与公序良俗的关联性;(五)受害人名誉受贬损的可能性;(六)核实能力和核实成本。"第1027条:"行为人发表的文学、艺术作品以真人真事或者特定人为描述对象,含有侮辱、诽谤内容,侵害他人名誉权的,受害人有权依法请求该行为人承担民事责任。行为人发表的文学、艺术作品不以特定人为描述对象,仅其中的情节与该特定人的情况相似的,不承担民事责任。"第1029条:"民事主体可以依法查询自己的信用评价;发现信用评价不当的,有权提出异议并请求采取更正、删除等必要措施。信用评价人应当及时核查,经核查属实的,应当及时采取必要措施。"

誉,要看两点:一是事实是否真实,二是有没有经过核实。另外"公正评论"则被"舆论监督"代替了。舆论监督的意思也是对新闻事件作评论要公平公正。《民法典》增加了"文学、艺术创作"以及"信用评价"作为名誉侵权的抗辩事由。也就是说个人进行文学、艺术的创作,即使人物和情节与现实相似,伤害到他人的名誉,也可以豁免名誉侵权。而"信用评价"则是,只要评价人不是故意或毫不在意,且有一定的事实依据,即便发布的事实不真实也可以豁免名誉侵权。

这是立法上的情况。学术界怎么看待这个问题的呢?王利明教授提出名誉侵权的抗辩事由有:(1)内容真实;(2)正当的舆论监督;(3)合理引用;(4)正当行使权利;(5)受害人的同意;(6)第三人的过错;(7)履行法律上的义务。① 张红教授提出名誉权的抗辩事由应包括:表述事实、合理评论、未公开的口头或书面意见和建议、消费者评论、新闻报道、创作自由、舆论监督、检举揭发、国家机关行使法定职责、经过合理的核实等。②

还有学者认为,应该确立"事实基本真实""诚实意见""基于公共利益的负责任发布""权威消息来源"和"正当学术批评"等抗辩事由。③ 除此之外,研究传媒理论的学者牛静教授等还提出一些不常见的抗辩事由,比如报道对象不可辨认、④政府和法院的豁免权、广播电视播出政治活动的豁免权、⑤

---

① 参见王利明等:《人格权法》,法律出版社1997年版,第137页;索宏钢:《类型化案件审判指引·民事卷(修订版)》,人民法院出版社2019年版,第47页。

② 对此张红教授提出:"诸如国家征信机关依据事实,进行失信人信息公开,行为本身的目的即在于通过对被评价者的不良行为作出负面评价,降低其社会声誉,起到督促、惩罚效果,此种行为当然不能认定为侵害名誉权。"参见张红:《民法典之名誉权立法论》,《东方法学》2020年第1期。

③ 参见姜战军:《中、英名誉权侵权特殊抗辩事由评价、比较与中国法的完善——兼评英国〈诽谤法案2013〉对名誉权侵权特殊抗辩事由的改革》,《比较法研究》2015年第3期。2013年的立法修订产生了上述的规定,在这之前,旧的《诽谤法》规定的抗辩事由有:正当理由(justification)、公正评论(fair comment on matter of public interest)、绝对特权(absolute privilege)和有条件特权(qualified privilege)抗辩以及Reynolds抗辩。

④ 参见牛静:《新闻传播伦理与法规:理论及案例评析》,复旦大学出版社2018年版,第206—208页。王天定、王俊杰、卢焱等:《广播电视法规与职业道德》,中国广播电视出版社2005年版,第180页。

⑤ 参见肖叶飞:《广播电视规制研究》,安徽师范大学出版社2013年版,第221页。

主观无过错、没有特定指向、没有损害事实、平衡报道、①以及合法善意反映情况、重复传播等。②

学者们所说的这些抗辩事由，有一些在现行立法已经存在，比如新闻报道、舆论监督、创作自由、合理核实等。而有一些和现行立法名称虽不同，但内容相符，比如表述事实、事实基本真实、合理评论、诚实意见，和新闻报道、舆论监督是一样的。还有一些是此前的立法所没有提及的，比如未公开的口头或书面意见和建议、消费者评论、检举揭发、没有特定指向、没有损害事实、合法善意反映情况、重复报道等等。

这种列举笔者认为还相对凌乱、缺乏系统，其中分类不明确、相互交叉的现象多处存在。而且像事实基本真实和正当评论，前面我已经讲过，它们其实是抗辩事由发挥作用的条件，就是说只有在内容真实（也包括有相当理由相信内容的真实）和评论正当的情况下，才能根据上述抗辩事由，如新闻自由、检举揭发等，免除侵权责任。如果内容不真实，评论不恰当，即便符合上述抗辩事由，也不能免除责任。

或者也可以反过来说，仅有真实性抗辩不够。如果侵权言论的发表不是为了公共利益，也不是为了保护自己或与自己有密切关系的人的权利或利益，即便言论的内容是真实的，也不能免除侵权责任，只不过这时候侵犯的是他人的隐私权。反过来，如果内容不真实，也不涉及公共利益和个人权利或利益，虽然有相当的事实依据，也不能免除名誉侵权的责任。正当评论也是一样，如果不存在公共利益或个人权利或利益，无端对他人的事务说三道四、评头论足，也是对他人隐私的侵犯。因为隐私权在许多国家被解释为"不被他人评价的权利"。③

没有特定指向、没有损害事实也是一样的情况，对一个人的名誉没有伤害，没有影响，当然不能作为名誉侵权诉讼来对待。这不算是名誉侵权的抗辩事由。此外有一些抗辩事由，比如第三人过错、重复报道，它们能不能作为抗辩事由也需要讨论。不能仅仅因为听到别人这么说，你就可以这么说；

---

① 参见肖燕雄：《传播法》，华中科技大学出版社2015年版，第199页。
② 参见屈茂辉、凌立志：《网络侵权行为法》，湖南大学出版社2002年版，第70页。
③ 骆正言：《〈民法典草案〉人格权编的宪法学省思》，《浙江社会科学》2020年第2期。

别的媒体报道了,你就可以重复报道。最终还要看行为人自身有没有过错,再决定是否豁免名誉侵权责任。因此笔者觉得对前面立法上的以及学术上的名誉侵权抗辩事由,有必要采取一定的标准重新整理。

三、我国名誉侵权抗辩事由的重构

如前所述,笔者认为,美国法将名誉侵权的抗辩事由分为五个类型,值得我们借鉴。我们可以再按照权利类型的不同,将这五个类型再细分为若干个子类型。

(一) 为了保护公共利影响他人名誉

为公共利益发表言论的情况很多,新闻报道、学术研究、文学艺术创作、打击犯罪、选举、立法、行政执法、司法等都与公共利益相关。只要不是故意发表不实言论,或者毫不在意地发表不实言论,而是经过一定的调查核实,有一定的事实依据,即使发表了不实言论,发言者也不承担名誉侵权的责任。这些抗辩事由的存在并不难理解,但也有一些是很难判断的,下面提出来讨论。

1. 新闻报道中的引用、转发行为

新闻报道是公共利益的表达方式之一,因为它能够为公众提供准确的社会信息,给公众表达意见、相互交流的机会,新闻报道作为名誉侵权的抗辩事由,已有非常多的研究。但关于引用、转发他人不实言论是否承担责任,还存在一些争议。有学者认为引用、转发他人的言论都不应该承担责任,但也有学者认为如果援引的是政府的信息或者官方媒体的意见,可以免除责任,而援引其他媒体的意见则需要承担责任。但他们对于这么做的理由,以及是按照什么样的原则承担责任,却没有更多的说明。

笔者认为援引他人言论时,要履行"合理审查义务",否则要承担民事责任。比如有人在微博上转发他人的文章,说某女士欺骗了他人的感情和钱

财,或者说某女士的研究生学历是靠给人做保姆换来的,以及说某人交通肇事后一分钱不赔,这些信息最后证明是虚假的,可以说微博转发人未尽到"合理审查义务",应承担名誉侵权责任。

或许有人会说,要求人们转发微博或者微信朋友圈时审查言论的真实性,是不是要求太高了?自媒体上的言论发表人,不具有传统媒体那样强大的调查核实能力,让转发微博或微信朋友圈的人承担合理审查义务,会不会给言论的自由发表带来"寒蝉效应",①让人们不敢讲真话,甚至不敢讲话?这种担心也有一定的道理,但是它也不够全面。虽然说自媒体的发言者没有那么大的调查和核实能力,但是自媒体目前已成为重要的信息来源,甚至比传统媒体更有影响力;而且虚假言论对个人名誉的伤害,不因信息发布者是自媒体还是传统媒体,而有所不同,自媒体的虚假言论甚至比传统媒体更有杀伤力。因此我们不能说,因为自媒体上的言论发表人只具有私人身份,不是一个机构,就可以在网络上随意发表言论。

况且,这种做法也不会过分限制言论自由。首先,如果引用的内容是国家机关或者权威媒体正式公开的信息,即便后来被认为是虚假信息,也可以根据《民法典》第1026条的"内容来源的可信度",来免除言论发表人的名誉侵权责任。其次,如果不能确定言论的真实性,但仍想发布这些信息,也可以在朋友、家人之间发表,因为这些人之间有相互保护义务,所以就不会构成名誉侵权。

2. 为言论发表提供网络空间的互联网服务商的抗辩

和新闻报道一样,互联网信息传播也具有公共的属性,服务于公共利益。那么在互联网信息传播中,如果网民发表了不当的言论,网络服务商能否免除侵权责任呢?

对于这个问题,国内学术界和实务界都还不太注意,经常引起问题的是知识产权纠纷,比如将电子书、音乐、视频放到网站供人下载,从而引起著作权的纠纷。在这种情况下,一般认为互联网服务商应该免除名誉侵权责任,

---

① 陈道英:《我国民事判决中宪法言论自由条款的解释——以2008—2016年103份民事判决为样本》,《华东政法大学学报》2017年第1期。

因为互联网服务商只是为言论的表达提供了一个场所,真正侵权的是在该场所传播信息的其他人。

但是对于网络环境中发表的不恰当言论,网络服务商有没有责任呢?面对这些情况,网络服务商经常采取直接删除错误言论的做法,甚至也有收取费用之后删除不利于某些企业声誉的言论。这里其实有两个问题。

第一个问题是,网络服务商有没有权利删除个人的言论?这么做是不是侵犯了发帖者的言论自由权?笔者认为网络服务商对于自己管理的场所,为维护合法合规经营,有权利删除不恰当的言论。但因为言论的自由是个人最基本的权利之一,国家和社会也有义务为民众发表言论提供充分的条件,言论被删除人也可以向法院以人格权被侵犯为由提起诉讼,我们可以以人格权条款保护言论自由。

第二个问题是,网络服务商对于网民发表的不恰当言论,该不该承担侵权责任?对此笔者认为,在非虚拟的现实场地中,场地所有者有义务保证自己控制的场所是安全的、可靠的,承担了安全保障的责任之后,他可以免除责任。但在互联网服务商提供网络空间供大众发表言论的情况下,因为网络服务商没有能力一个个去查证网络留言的恰当性,所以一般不应该让网络服务商承担名誉侵权责任。只有当被侵权人要求网络服务商删除不恰当言论时,网络服务商才有义务采取措施,如果这时候网络服务商不采取任何措施,就构成侵权责任。当然这时候言论被删除人也可以向要求删帖人提起人格权侵权诉讼(其他人格权),但网络服务商不承担侵权责任。

3. 个人为媒体提供新闻线索

个人为媒体提供线索,会导致他人的名誉受到损害,如果线索出错,线索提供者能否免责,这也是个重要的问题。对于这个问题学术界关注得也不多。学术上讨论较多的是媒体的责任,如认为媒体遵循实质恶意或者相当性原则。

对于新闻线索提供者的责任,笔者认为不应该和媒体一样对待,遵循真实性、相当性原则,而应该采取实质恶意原则。也就是说,只要不是故意散布虚假信息,或者不是毫不在意事实的真假,即使发布了错误信息,也是可以免责的。因为个人提供的线索,只是个人的一些直觉认识,其内容是真是假,还需新闻机构去深入调查,跟媒体相比,个人的识别真假的能力是不足的。

这个问题其实和个人举报刑事犯罪是一样的。虽然不能完全捕风捉影,道听途说,但如果要求所有提供信息的人都有一定的证据,那么新闻报道采集舆论信息就难以做到了。新闻行业有一个行业习惯,就是新闻从业者要保护信息来源人,不能公布信息是谁告知的。因此信息告知人并不承担名誉过失侵权的责任。不过如果提供信息的人是作为专家,或作为目击者在接受采访,他们对自己的发言就要承担更重的责任,这时候根据真实性、相当性原则来判断行为人的过错是恰当的。

4. 网络即时通信中的"对抗性言论"

此外在网络即时通信中也有一类特别的抗辩事由,那就是"对抗性言论"。"对抗性言论"抗辩是指由于互联网上的言论表达和传统媒体不同,网络向任何人开放,人们可以随时发表言论,没有进入的门槛,因此在这种媒体上发表言论,就需要特殊对待。

"对抗性言论"是德国法上的说法,在日本法上则被称为"应酬的言论"理论,对此可参见日本宪法学者高桥和之在《互联网与法律》中的论述。①其实该理论最早发源于美国法,被称为"更多的言论"(more speech),意思是对于某些名誉侵权的言论,不采用法律手段加以制止,而是通过人们相互之间的辩论,来达到纠正错误言论的作用。

当然如同前文说到的,因为美国法给言论自由更高的保护,言论的发表也更加容易,所以通过相互之间的辩论达到纠正不良言论的目的也就更加方便。可是,在其他国家,比如在德国和日本,言论的发表受到的限制更多,要通过"言论的市场"做到这一点就不那么容易了。所以美国法上的"更多的言论"抗辩,在日本法上就有了一个限定,也即只有在网络实时交流环境(如微信、QQ、聊天室等)中的相互辩论,才能够根据这一原理豁免名誉侵权的责任。这里遵循的是美国法上的实质恶意原则,而不是日本法上真实性、相当性原则。

---

① 参见高桥和之、松井茂记:《互联网与法律(第2版)》,有斐阁2001年版,第47页。

我国法也可以采取这一做法。拿学术批评来说,如果某人在聊天室、QQ群中,批评某人学术不端,即便他们说的并没有根据,只要不是故意捏造,或者是毫不在意地发表不实言论,就允许人们通过相互之间的辩论,来达到恢复名誉的效果,不一定要利用法律手段进行纠正,这就是名誉侵权的"对抗性言论"的抗辩。

5. 文学和艺术创作

文学和艺术创作和学术批评一样,也受到宪法上的基本权利的保护,也即文学、艺术创作的自由。文学艺术创作影响公民的名誉权主要表现在,有时候使用原型人物创造小说和电影等,可能将一些不真实的事情安插在他们身上,让人以为这些事真的就是他们所为,所以会给他们的名誉造成影响。但我们也知道文学和艺术有虚构的成分,不完全是事实的描摹,所以文学和艺术的创作,也被作为名誉侵权的重要抗辩事由之一。

对此,我国《最高人民法院关于审理名誉权案件若干问题的解答》第九条有这样的规定:"问:因文学作品引起的名誉权纠纷,应如何认定是否构成侵权? 答:撰写、发表文学作品,不是以生活中特定的人为描写对象,仅是作品的情节与生活中某人的情况相似,不应认定为侵害他人名誉权。描写真人真事的文学作品,对特定人进行侮辱、诽谤或者披露隐私损害其名誉的;或者虽未写明真实姓名和住址,但事实是以特定人或者特定人的特定事实为描写对象,文中有侮辱、诽谤或者披露隐私的内容,致其名誉受到损害的,应认定为侵害他人名誉权。编辑出版单位在作品已被认定为侵害他人名誉权或者被告知明显属于侵害他人名誉权后,应刊登声明消除影响或者采取其他补救措施;拒不刊登声明,不采取其他补救措施,或者继续刊登、出版侵权作品的,应认定为侵权。"

这方面的内容,许多学者有过探讨。[①] 这里要说的是与本书的主旨(学术批评侵犯名誉权问题)相关的内容。因为学术著作和文学艺术作品经常

[①] 参见石宏:《〈民法典〉视角下的名誉权保护制度》,《上海政法学院学报》,2021年第1期;张红:《文学作品中的名誉权侵权责任》,《中南民族大学学报(人文社会科学版)》,2012年第6期。

纠缠在一起，很难区分，比如历史著作，有很多作者为了逻辑通顺，把想象的内容放在里面，这些内容是学术讨论还是文学创作就不容易界定。所以在学术批评涉及名誉侵权的案件中，我们经常要考虑文学和艺术创作作为抗辩事由的问题。

对于这类问题，有两点要注意：第一，文学作品的作者，不能以文学和艺术的自由，特别不能以"相当性"法理，来豁免名誉侵权。因为小说的写作并没有促进公共利益的目的，也不负责报道公众关心的事务。第二，即便是原型人物同意以自己作为主人公，但后来仍然发现小说对自己的刻画太让人失望、生气或不快，也仍然可以提起诉讼主张名誉侵权。对这类问题的处理要按照以下几个程序处理：第一要看作品有没有清楚地说明是学术著作，还是文学著作，或者按照美国人的说法，是非虚构作品（nonfiction）还是虚构作品（fiction）。如果是文学著作，有一定的虚构，甚至影响主人公的名誉是可以的。第二看虚构作品的主人公是否就是原告？这要看大多数人的印象，如果大多数人一眼就能看出小说写的是谁，那么就需要进一步考察其名誉是否受到伤害。第三考察虚构作品中原型人物的行为，能不能区分出哪些是真实的，哪些是虚构的？如果无法分清真实和虚构，那么侵犯原型人物的名誉的内容就构成名誉侵权。当然文学作品毕竟不同于报告文学或者新闻报道，对它们的真实性的要求不能过高，应该允许一定虚构的成分。

最后关于文学作品对原型人物的侮辱性称谓，也要考虑文学的特殊性，不能完全禁止一些戏谑的、贬低的称谓。

需要注意的是，有一类文学表面上看是文学作品，实际上是新闻报道，那就是报告文学。这时候需要以新闻报道作为抗辩事由。报告文学与普通小说不同，它兼具报道和文学两种特质，甚至更倾向于新闻报道，所以对于这类作品可以适用真实性、相当性的法理，只要经过核实，有一定的证据，就可以豁免名誉侵权。但与一般的新闻报道有所不同的是，这类作品"对迅速性没有要求，所以作者必须竭尽全力力求真实"。因此与普通的新闻报道相比，对这类作品的真实性和相当性应该有更高的要求。

6. 行政执法

行政执法是维护公共秩序、保护公共利益的最重要的手段。为了保证行政机关不会束手束脚,能够积极履行职责,必须在他们非故意地侵犯公民权利的时候,豁免行政机关的责任,因此将行政执法活动作为抗辩,应该也是没有质疑的。前面讲美国名誉侵权法的时候,已经说过美国行政机关如果不是出于实质恶意,不是故意或者毫不在意地侵害他人名誉,也可以免于名誉侵权的责任。

对此国内学者考虑不多,大多数学者认为行政机关权力较大,应该要约束,而不是豁免。但是综合考虑个人权利和公共利益,我们仍然需要对行政机关在执法活动中的非故意的行为予以豁免。不过让行政机关承担实质恶意责任可能是过于宽松的,以真实性、相当性原则决定是否豁免行政机关名誉侵权的责任,似乎是更合理的。总之,在名誉侵权法上,行政机关的执法活动也应该作为名誉侵权的抗辩事由之一。

7. 犯罪侦查以及个人为警方提供破案线索

犯罪侦查作为名誉侵权的抗辩事由,目的是保障公共安全。现实中这方面的例子也发生过。2006年深圳警方在辖区内悬挂横幅"坚决打击河南籍敲诈勒索团伙"和"凡举报河南籍团伙敲诈勒索犯罪、破获案件的,奖励500元",遭到河南籍某位律师的起诉,主张是侵犯了河南居民的名誉权,该案后经调解结案。其实该案属于所谓集体名誉侵权,并不能说某个特定的个人的名誉受到了损害,不应该判决个人胜诉。但如果该案针对的是个人,警方在犯罪侦查中导致某些犯罪嫌疑人的名誉受损,只要警方是有证据证明犯罪事实发生,就不应该作为名誉侵权看待。个人为警方提供破案线索的情况也是一样,只要不是故意捏造,或毫不在意地收集、发布虚假信息,而是基于一定的事实根据作出犯罪举报,即便伤害了他人的名誉权,也不应该作为名誉侵权处理。

8. 在司法活动中起诉他人违法、为自己辩护以及为他人作证等

司法审判的重要性在于维护社会正义。在司法活动中,应该允许人们发表不同意见,哪怕不够准确或存在偏差。因为其他人也能够作出纠正,法官也能根据其他证据加以辨别,不会产生恶劣的后果,反倒是有利于人们剔除错误、发现真理。但司法活动和行政管理活动一样,也不能随意发表侮

辱、谩骂的言论。

(二) 为了维护企业利益影响他人名誉

1. 为了公司的利益考核员工

对员工予以考核、评价是企业发展的需要,但也容易损害员工名誉,现实中也很少有员工起诉企业的考核行为伤害了自己的名誉。但在国外,比如日本就有这方面的例子。必须注意的是企业只要不是毫无根据地处罚员工,即便后来发现处罚错误,也可以豁免名誉侵权责任。

2. 为了商业利益对其他企业作出信用评级

有一些专门从事企业信用调查、评价的政府机构和私人公司,在评价企业的时候,可能会伤害到企业的信誉。但是如果这里的评价和调查是根据一套规则,按照一定的程序进行,有相当的事实根据,即便这种评价行为造成了企业的信誉下降,也不算是名誉侵权行为。

3. 协会对会员资格的处罚

协会对会员的处罚,比如开除了某人的会员资格,也会对会员的名誉造成重要的影响。但协会的自我管理也是一项重要的抗辩事由。不能要求协会遵守行政法上的基本原则,比如比例原则、行政合法性、行政合理性原则、公平原则等。

(三) 为了本人的利益影响他人名誉的

1. 控告他人犯罪

为本人利益而控告他人犯罪可以作为名誉侵权的抗辩事由。比如,A举报B盗窃他人财物,司法机关拘留和讯问了B,但后来A发现自己认错了人,这导致了B的名誉受损,那么B能否起诉A名誉侵权呢?要看A有没有相当的理由相信 B 确有盗窃他人钱财的情况,如果有相当的理由,那么就不需要承担名誉侵权的责任。不仅 A 的名誉侵权豁免,需要符合相当性作为原则,司法机关也要符合相当性的原则,在拘留(特别是逮捕)B 的时候,如果没有相当的证据,相信 B 构成了犯罪,而仅凭 A 的举报,片面相信 A,那也构成名誉侵权。

2. 起诉他人违约或侵权

为本人利益起诉他人违约或者侵权可以作为名誉侵权的抗辩事由。起诉违约或侵权不同于控告犯罪,虽会导致他人名誉受损,但也可获得一定的豁免。这时候也要看行为人是否故意捏造事实或是否毫不在意事实的真假,以及是否有一定的事实依据。

3. 索要债务或者主张合同上的权利

为本人利益索要债务或者要求对方履行合同上的义务,也是名誉侵权的抗辩事由之一。比如前面说的某人悬挂横幅、张贴标语或公开发言要求对方搬出租住的房屋或者要求商家退换货,都可以豁免名誉侵权,现实中这方面的例证也很常见。但为了索要债务,在他人住宅内赖着不走,或者搬走他人家中物品,或使用暴力相威胁都是过度的行为。

4. 经过本人同意使用他人个人信息影响某人名誉的

经过本人同意使用他人信息,比如写一篇小说,或拍一部电影,不能作为名誉侵权来处理。但如果在细节方面有较多虚构造成他人名誉毁损,而这些细节并没有经过核实,则不能豁免名誉侵权的责任。特别是一些敏感的、让人很不堪的情节就需要本人特别同意,否则是不能以这一点作为抗辩理由的。

(四)为了保护亲属或其他亲近的人的利益影响他人名誉

为保护亲属或其他亲近的人的利益而发布了某些信息,尽管影响到他人的名誉,也可以豁免名誉侵权。对于这种情况,美国法中有很多例证。比如某人告诉自己的朋友,她的男友有违法行为,即便后来证明是错误的,只要有一定的证据,也可以免于名誉侵权的责任。日本法的例子是为他人作证,即便所说的不是事实,只要有一定的证据,也不算是名誉侵权。

中国这方面的例子近些年也有。某律师代理一件债务纠纷,因过于相信委托人的意见,在微博中公布了委托人的债务人完全没有履行债务的信息,受到债务人的起诉,起诉理由是债务人已经偿付了部分债务,法院判定该律师名誉侵权。这是正确的裁判结果。因为上述豁免原则,保护的是行为人与委托人之间的相互交流,而不是保护行为人未经核实地在公共媒体上发布信息的行为,发言人与公众之间并没有这种保护关系。

以上是笔者主张我国名誉侵权应该采取的一些抗辩事由,这些抗辩事由有的在现行立法上已有规定,有些仍需通过立法予以细化。

第五章 学术批评侵犯名誉权案的裁判标准

以上对名誉侵权其他抗辩事由的介绍告诉我们，不能说只要言论发表人伤害他人的名誉权，就必须承担侵权责任。很多时候我们还要考虑与名誉权相对的其他权利（比如新闻报道、学术研究等权利），将它们作为抗辩事由，免除言论发表人的名誉侵权责任。

但是我们也知道，既然为保护其他权利，名誉权有时候要作出牺牲，那么肯定也不是只要存在抗辩事由，就一定能豁免行为人的名誉侵权责任。我们还得在个案中作具体的衡量，看哪一方的利益更重要，更值得保护，然后确定是否构成名誉侵权，如同前文说的英国法在裁判新闻报道侵犯名誉权时需要考虑多重因素一样。

那么具体到个别案件，我们应该如何判断学术批评者是否构成名誉权？对待不同人的不同权益如何进行利益衡量？下面我们要作进一步分析。

第一节 学术批评侵犯名誉权的裁判原则

学术批评侵犯他人的名誉权案件的裁判，总体上是承认双方权利都很重要，然后具体衡量到底哪一方权利应该优先保护。所以这里的前提是承认人权保障原则。

一、将人权保障作为讨论的前提

关于人权保障原则的讨论已经很多,但是该原则为什么重要,常常受到忽视。许多人谈论权利,比如名誉权时,并不会讨论它们存在的必要性。这会让那些未能意识到权利存在的人,或者为其他利益要否定该权利的人,对权利存在的依据产生怀疑。

这就要讨论个人权利为什么值得保护的问题,否则就很难说服他人。保护人权的理由其实有很多:有人认为,人权是上帝赋予的,是自然形成的,这种学说也被称为"天赋人权说"或者"自然权利说"。有人认为人之所以要被赋予人权,主要是因为人有自由意志,不同于其他动物,具有特殊的尊严,这种学说也被称为人权的"人性说"或"尊严说"。有人认为之所以要保护人权,是出于实现社会整体利益的考虑,这种被称为人权的"功利主义说"。还有人认为之所以要保护人权,是因为我们大多数人都有这样的共识,这是人权的"契约论"或"合意论"。①

在这些理论中,笔者更认可德国法哲学家罗伯特·阿列克西的观点。阿列克西教授从逻辑的角度来证明人权存在,他认为我们之所以要保护人权,是因为保护人权是讨论一切政治、法律是否合理、是否正当的必要前提。没有了这个前提我们就没有办法来讨论这些问题,也即无法评价一个行为的对错。除非我们不讨论一个行为的对错,否则我们就必须要承认一个人的基本权利。②

或许有人说不讨论是非对错也没什么大不了,所谓难得糊涂。如果真的可以做到糊涂,的确就不需要人权的存在,但是我们出于很多理由,不能不讨论是非和对错。稍微举几个例子就已经足够了。首先,我们天生就有公平不公平的观念,任何一个孩子很小就会说"这不公平""为什么他那么多

---

① 参见阿部照哉、池田政章、初宿正典、户松秀典:《宪法》,周宗宪译,中国政法大学出版社 2006 年版,第 28—30 页。

② Robert Alexy, Recht, Vernunft, Diskurs: Studien zur Rechtsphilosophie, Suhrkamp Verlag, 1995, S. 233 - 235.

糖,而我只有一颗,这不公平"。家长可以不加理会,不讲道理,但孩子就会去争论、不配合、捣乱。

孩子会如此,成人也会这样。成人同样会追问为什么我会遭受这样的对待,这不公平,如果利益分配者不能给出一个恰当的理由,他就会投诉、抗议、自暴自弃或者运用不正当手段获取利益,这是一种增加成本、降低效率的做法。总之,有一个让人信服的理由为国家管理提供依据,或者保障每个人的权利,是社会正常运转的重要前提,从功利主义来说,也不可谓不重要。①

不过值得注意的是,虽然说不同人的不同权利应该被平等对待,但这不等于说这些权利应该被同等对待,我们也得承认它们之间有轻重缓急之分。比如像生命权、健康权和人格权就比经济权、社会权重要一点,因为没有人身的自由,其他的权利都无法建立,前者是后者的基础。因此我们要做的是在承认每个人的权利都值得尊重的基础上,对不同人的不同权利和利益进行利益衡量。下面我们看看具体的衡量方法,其中最重要的就是比例原则。

二、比例原则的运用

比例原则是指为保护某种权利或利益而限制个人权利时,其手段要符合既定的目标(适当性原则)、不能过度限制(必要性原则)、目标也要正当合理(均衡性原则)。对比例原则的介绍学界已经有很多了。有学者讲到比例原则的价值,②有学者讲到比例原则的优点,③或者比例原则在民法中的运

---

① 对此,阿列克西认为,任何强制,其效率永远要比让人心悦诚服来得低,所以许多极权统治也会试图说服民众,但是说服不了的时候,他们又会转而使用威力,所以这种统治,其内部总会有着不可调和的矛盾,所以其统治的效率一定会相对低下的。总之,尊重个人权利,不仅在道理上是正确的,在效率上也是更高的。Robert Alexy, "Discourse Theory and Human Rights," *Ratio Juris*, 1996, vol. 9, no. 3, pp. 209-235.
② 参见郑春燕:《必要性原则内涵之重构》,《政法论坛》2004 年第 6 期。
③ 参见杨登峰:《从合理原则走向统一的比例原则》,《中国法学》2016 年第 3 期;温辉:《言论自由:概念及边界》,《比较法研究》2005 年第 3 期。

用,①以及比例原则的裁判方法。② 笔者不想重复这些理论化的分析,而是想用管理学、经济学的方法,来理解这个原则,为理解比例原则提供一个新的视角。

笔者认为,比例原则其实是经济学、管理学上的一种基本的方法,只不过被运用到法律上了。我们都知道,比例原则要求公权力机关在进行社会管理和治理、实现社会治理目标的过程中,不能过度限制和约束个人自由,必须遵循适当性、必要性和均衡性原则。

所谓适当性原则,是指政府采取的措施,能够达到既定的目标。必要性原则,是要求政府采取的措施是达成该目的必不可少的、伤害最小的措施,如果还有伤害更轻微的措施,则应该避重就轻,选择伤害更轻微的措施。均衡性原则是指政府采取的措施,所造成的伤害和所获得的利益成比例,也就是伤害必须小,而收益必须大,否则就是不该实施的。

这是从法律上讲的比例原则,而从经济学、管理学上来说,比例原则有其他的含义。经济学上有著名的帕累托改进原则,意思是如果一项改革措施使某些人的利益得到增加,而其他人的利益不受损失,就是一项值得推荐的措施。

比例原则中的适当性原则要求一项改革措施必须能够达到某一个目标,而这就是帕累托改进原则中的使某些人的利益得到增加。如果不能增加其他人的利益,该措施就不能实施。另外,必要性原则要求一项改革措施必须是能够达到目的的最小伤害的措施,这就更是帕累托改进原则的翻版了。因为选择最小伤害性的措施,既保证了公共利益或其他人权利的实现,也通过减少对他人的伤害,增加了个人的福利,二者相加起来,社会总福利也是提高了的。均衡性原则也是一样,通过比较利益所得和利益所失,来决定是否采取某一项措施,这也是帕累托改进原则的表现。

比例原则也是符合管理学原理的。因为管理学研究的目的是通过改善管理方法,使企业或者国家的效益得到提高,这和比例原则的要求是一样

---

① 参见郑晓剑:《比例原则在民法上的适用及展开》,《中国法学》2016年第2期。

② 参见张明楷:《法益保护与比例原则》,《中国社会科学》2017年第7期;蒋红珍:《比例原则适用的规范基础及其路径:行政法视角的观察》,《法学评论》2021年第1期;刘权:《比例原则审查基准的构建与适用》,《现代法学》2021年第1期。

的。比例原则就是通过降低管理措施的负面影响,提高管理措施的正面效益,从而提高整个社会的福利,这和管理学的目的不是一样的吗?

我们做这种类比,将经济学、管理学原理与法学上的比例原则放在一起考虑,有什么意义吗?应该说这样的思考方法是有意义的。它告诉我们法律上的比例原则的要求,本质上是在挖掘更好的经济管理手段,以提高整个社会的经济效益。不仅经济管理者要做这样的工作,律师、法官,甚至仲裁员、调解员都要有这样一种责任,这需要我们学习各种管理的方法,也需要了解各门科学知识,它们是提高经济效率的重要方法。法律不是法官律师、法学教授坐而论道的对象,它肩负着创造财富、造福人类的重任。

德国民法学家拉伦茨在论及人格权(包括名誉权)的保障时尤其强调:"尽管民法典第 823 条第 1 款规定的绝对权利只要受到侵犯时,一般就可以确定违法,但这种做法不完全适用于人格权受侵犯的场合,因为人格权范围太广,内容也不确定。正确的做法是,在确定是否构成违法时,必须进行全面的利益衡量。在此我们要做的是,将人格权受侵害一方的利益和侵害一方的人格权或者自由权以及公共的利益放在一起,按照比例原则进行权衡。"[①]这就是比例原则。

利益衡量原则要求决策者(比如立法者或者法官),对不同权利的大小轻重作出判断。具体判断的方法,可以借用德国法哲学家阿列克西的衡量公式。那就是"倘若为了保护人们的某一项权利,必须限制其他人的另一项权利,那么前一项权利越重要,后一项权利就越应该受到限制"[②]。

下面我们可以举德国宪法上的雷巴哈案来说明比例原则的运用是如何提高整个社会福利的。这个案件是关于隐私权的,但因为它非常典型,所以在此作一下介绍。在这个案件中,一名即将出狱的重刑犯,得知当地电视台要再次报道他入狱前的犯罪经历,便向法院起诉,要求电视台停播这档节目,理由是电视台侵犯了他的人格权,也即重新回归社会的权利。在这个案件中,法官并没有仅仅依靠罪犯的隐私权作出裁判,而是运用比例原则,对

[①] Karl Larenz, Manfred Wolf, Allgemeiner Teil des Bürgerlichen Rechts, C. H. Beck, München, 2004, S. 138.

[②] Robert Alexy, Recht, Vernunft, Diskurs: Studien zur Rechtsphilosophie, Suhrkamp Verlag, 1995, S. 233-235.

隐私权和报道自由权孰轻孰重作出权衡。

法官在审理该案的时候,分三步来解决问题。第一步,如果一个人的行为与公共利益无关,媒体不能以侵犯这个人的隐私为条件行使报道自由权,这时候个人隐私权胜出;第二步,如果一个人刚刚发生的行为构成犯罪,关涉到公共利益,那么媒体在这个时候可以揭露他的私生活,这时候报道自由获胜;第三步,如果媒体对于一个已经发生很久的犯罪进行报道,并且犯罪人刚刚出狱,正准备洗心革面,重新做人,媒体就不能对犯罪人的情况重复进行报道,这时候他的隐私权再次胜出。

从这个案件可以看出,法官通过细微的政策调整一点一点地平衡双方的利益,而且还保证了社会利益的不下降。比如第一步,当个人行为不影响社会利益时,媒体不能报道个人隐私,这是在确保公共利益不受影响的情况下,大大提高了个人的利益,让个人不受他人的评价,提高了个人的自尊感。第二步、第三步也是一样的,当个人进行犯罪行为时,对该人的报道所能产生的效益就会大大提高,能大幅提高民众的安全系数,这时候就必须允许媒体报道。但当行为人已经得到惩罚,报道的效益已经明显减弱,而个人回归社会的利益则大幅上升,这时候不报道比报道所带来的效益明显更大,所以就不应该允许媒体报道。

在这个案件中,我们看到法官已经成为一个高超的社会管理者,和企业的 CEO 是一样的,每时每刻都在关注企业的年产值、销售额、总估值,这就是笔者对比例原则的经济管理作用的认识,学术界很少有人这么分析。我们在学术评论侵犯公民名誉权的案件中,也应该学会运用比例原则和利益衡量原则。具体来说,就是要衡量个人名誉和发表未经核实的或者损害他人自尊心的学术批评,哪一方利益更大? 如何实施既不伤害一方利益,又能提高另一方利益的巧妙的管理措施,让个人名誉和学术自由齐头并进,互利共赢? 这就是笔者对比例原则的认识。下面说说基本权利的本质不可侵犯的原则。

三、不可侵犯基本权利的本质的原理

基本权利本质保障原理(Wesensgehaltsgarantie)是很多利益衡量的研

究者不太注意的一个原理。① 这项原理是德国学者从德国宪法条文中演绎出来的,德国《基本法》第 19 条第 2 款规定:"基本权利的本质内容,在任何情形下都不能被侵犯。"根据这一条款,学者们指出,宪法规定的基本权利,比如表达自由、名誉权、隐私权等,它们中有一些或者某一项权利的本质内容(核心)是绝对不能侵犯,侵犯之后这种权利本身就不存在了。法官在裁判中也是如此,当他运用利益衡量和比例原则裁判人格权案件时,要遵循一个底线,就是不能剥夺这项权利的本质内容。

具体来说,在某种情况下,即便牺牲个人基本权利可以获得更高的社会利益,我们也不能把个人的基本权利压缩到完全没有的程度。按照德国联邦宪法法院的说法,"如果基本权利享有主体被视为国家行为的客体而导致基本权利限制的程度使得这项基本权利对于其主体毫无作用时,基本权利的核心就已受到侵害"②。

这里的"基本权利的核心",就是指"基本权利的本质内容"。德国联邦宪法法院之后又主张将"本质内容保障"理解为"应保障公民至少保有最基本的内核,而不至于丧失殆尽"③,或者用德国学者尼尔斯·詹森的话说,"基本法第 19 条第 2 款如果这样解释的话,那么该规范的目的,就是不能将该权利限制到接近于无的程度"。詹森教授还进一步解释说:"与此相反,根据上述的利益衡量模型,基本权利的本质保障可以解释为一个'间接的规范上的要求',即赋予某一个基本权利在它的核心的领域以很高的保障,因此它也可以理解为基本权利第二项利益衡量法则的强化。"④

这里所谓的间接保护,意思是"非直接地"赋予某种权利,保障其核心的内容不受侵犯。而"第二项衡量法则"指的是德国法院经常运用的三条利益

---

① 国内学界作过介绍的学者有赵宏教授和陈征教授。参见赵宏:《限制的限制:德国基本权利限制模式的内在机理》,《法学家》2011 第 2 期;陈征:《论部门法保护基本权利的义务及其待解决的问题》,《中国法律评论》2019 年第 1 期。

② Peter Lerche, Üebermass und Verfassungsrecht, Heiderberg, 2. Aufl. 1999. 转引自赵宏:《限制的限制:德国基本权利限制模式的内在机理》,《法学家》2011 第 2 期。

③ BverfGE 22, 210;30, 53. 转引自赵宏:《限制的限制:德国基本权利限制模式的内在机理》,《法学家》2011 第 2 期。

④ Von Nils Jansen, "Die Abwägung von Grundrechten," Der Staat, vol. 36, no. 1, 1997, pp. 27 - 54.

衡量的规则中的第二个。这三条规则是：① 作为原则的所有基本权利都应该得到最大程度的保护；② 一项原则获得满足的程度越大，它的重要性就越小；③ 一项原则未被满足或受侵害的程度越大，与之相对的另一项原则就必须越重要。①

第二条规则稍有难度，它的意思是，一项原则实现得越充分，当衡量这项原则与另一项原则时，其重要性就越小。比如两个孩子同时生病了，那么当一个孩子经抢救脱离危险之后，他就变得不那么重要了，这时候必须更加重视另一个孩子。第三条规则的意思是，一项原则被侵害或不被满足的程度越高，当衡量这项原则与另一项原则时，另一项原则的重要性就必须越大。还拿两个生病的孩子的例子来说，其中一个孩子被牺牲或不被照顾的程度越高，另一个孩子的利益就越重要，比如其生命或健康可能受到更大的威胁。换句话说只有为了保护非常重要的权利，才能对与之相对的另一项权利作出非常严格的限制。该规则和前文提及的阿列克西教授的原则是一样的，阿列克西曾提道："倘若为了保护人们的某一项权利，必须限制其他人的另一项权利，那么前一项权利越重要，后一项权利就越应该受到限制。"

那么尼尔斯·詹森教授所说的"第二项利益衡量法则的加强"就是指"一项原则获得满足的程度越大，它的重要性就越小"，这意思是说一个基本权利的核心内容非常重要，当该权利的核心被威胁的时候，我们必须给予最大程度的重视；如果该权利的核心内容被满足之后，我们就可以稍微减少对它的重视了。

可是我们为什么对基本权利的"本质内容"或者说"核心内容"如此重视呢？这要从比例原则说起，比例原则的三个子原则的最后一项，是均衡性原则，也称狭义比例原则，它指的是为保护他人权利而限制个人的某种权利时，要比较这个人的权利与其他人的权利或者社会的整体利益，如果这个人权利的损失要远远大于其他人的权利或者社会的整体利益，就不能采取措施限制这个人的权利，因为这样做得不偿失。举例说，某人为了反抗抢走一块豆腐的抢劫犯，使用致命的武器杀死对方，显然是不应该的。尽管在这时

---

① Von Nils Jansen, "Die Abwägung von Grundrechten," Der Staat, vol. 36, no. 1, 1997, pp. 27-54.

候,不杀死对方可能无法阻止抢劫的发生,但是为了保护一块豆腐而杀死他人从社会效益上来说是得不偿失的,所以按照均衡性原则这是不允许的。

但是这只是一般的利益衡量方法,适用于可以用价格来衡量的物品,对那些不能用价格来衡量、至高无上的东西,如人的尊严或人的生命,是不能用这种方法来衡量的。比如我们不能说一个人的尊严比巨额财产价值要低,也不能说一个人的生命价值比几个人加起来要低。对于个人名誉、个人隐私、个人肖像、个人姓名等特别人格权也是一样,即便是为了较大的集体利益,也不能简单以少数服从多数、个人服从大局的观念,对这些权利予以彻底剥夺。因为这里存在着基本权利的核心,绝对不能侵犯,即便为了保护非常重要的利益。

基本权利本质保障的重要性,可以从德国联邦宪法法院的"日记判决"看出来。[①] 在这个案件中,法院拒绝将犯罪嫌疑人的日记以及根据日记查处的其他线索,作为其犯罪的证据。理由是个人日记是个人尊严和自由的最核心领域,即便为了调查犯罪行为也不能侵入这部分最核心的私生活领域。为了得到这种结果要将一个人的尊严压缩到近似于无的地步,德国联邦宪法法院的法官们认为并不值得也不应该。

以上是笔者学习德国基本权利限制的原理所得到的体会。笔者认为这些原理也值得我们借鉴,而且笔者也可以肯定,我们的法院在判决类似案件的过程中也肯定会作这种思考,只不过没有形成明确的法律原理罢了。这么说是因为虽然上述利益衡量的方法是德国法官和学者在法律实践中创造出来的,但事理都是相通的,我们的法官在裁判中肯定也会遇到同样的问题。前文已经说过的,法官和立法者一样,都是在为社会事务的管理寻找更有效的方法,因此德国法上利益衡量的原则就值得我们运用。每一个原则就如同一个工具,会让我们的问题解决更有抓手,更加便利。

---

① 参见岳礼玲:《德国证据禁止的理论与实践初探》,《中外法学》2003年第1期。

第二节　学术批评侵犯外在名誉的裁判规则

以上我们说了名誉侵权案件的裁判原则，下面要具体谈谈有哪些更具体的规则特别适用于学术批评侵犯名誉权的案件。笔者认为有两个方面要加以注意：一是在披露某种事实有可能侵犯他人名誉权时，要进行合理的查证，有一定的证据，不能明知地或毫不在意地发布虚假信息；二是最大限度地尊重公民的人格尊严。

在判断学术研究中的事实陈述是否侵犯公民的名誉权的问题上，笔者主张以日本法上的"相当性"原则，而不是美国法上的"实质恶意原则"，来解释我国《民法典》确立的"合理审查义务"。

一、美国法采取"实质恶意"原则的两大重要背景

美国法上的"实质恶意原则"不适合中国。前面我们已经说过，对待伤害名誉的虚假言论，美国、日本和德国等国家存在很大的差异。特别是当公共媒体侵犯政治人物名誉权时，美国法采取"实质恶意"原则，而日本、德国等国，则采取"相当性"原则。那么为什么美国法如此优待名誉侵权的被告呢？我国《民法典》为何不学习美国法采取"实质恶意"原则呢？要回答这个问题，必须要说到美国名誉侵权法在整个法律体系中的地位。

对于这个问题，许多学者认为美国法上针对媒体侵权采取"实质恶意"原则，原因在于"实质恶意"原则更偏向于言论的自由发表，能避免名誉侵权诉讼给言论的自由发表带来"寒蝉效应"（chilling effective）。笔者认为这么说是不准确的。美国法之所以采取"实质恶意"原则作为判断名誉侵权的主要原则，根据美国学者安德伍德（James Underwood）在《侵权法》一书中的介绍，更重要的原因是美国法的两个重要特点，使他们不得不在言论自由的保护上使用"实质恶意"原则：一是美国公共官员也根据"实质恶意"原则承

担行政追偿责任,他们不需要为自己的过失行为承担赔偿责任;二是美国法上名誉侵权要支付极高的精神损害赔偿金。

1. 美国公共官员不为过失行为承担赔偿责任

所谓公共官员根据"实质恶意"原则承担行政追偿责任,不为自己的过失行为承担赔偿责任,是指根据美国行政法,美国公共官员只对自己因"实质恶意"实施的行为承担赔偿责任。如前所述,"实质恶意"相当于故意侵犯公民权利,比如知道执法存在或者可能存在错误,仍然坚持或者放任错误的发生。公共官员对自己的过失行为享有"免责权"。举例来说,假如他们应该知道某人不是犯罪嫌疑人,却因为疏忽大意仍将他当作犯罪嫌疑人,在这种情况下,该官员不承担赔偿责任。

关于美国官员的特权,我国行政法学者王名扬教授也有过介绍。① 需要说明的是,这里说的官员不因自己的过失承担赔偿责任,并不意味着政府也不承担赔偿责任,政府对于官员的过失造成的相对人人身、财产的损失,是有赔偿义务的。② 美国法之所以给予公共官员这样的特权,是为了保证官员在执法时没有后顾之忧。③

总之,在美国法上,国家对公民的行政赔偿遵循过错责任原则,而官员本人只承担"实质恶意"或者说故意责任,而不对自己的过失承担赔偿责任(行政追偿责任)。正因为这个原因,美国最高法院在判决中规定,公共媒体在报道官员的行为时,不为自身的过失行为承担侵权责任,只承担"实质恶意"责任。

2. 美国名誉侵权要承担极高的精神损害赔偿金

美国法之所以采用"实质恶意"作为名誉侵权的主观归责原则,还因为

---

① 王名扬:《美国行政法(第二版)》,中国法制出版社 2005 年版,第 786—788 页。

② 王名扬教授指出,"由于联邦官员执行职务的过失或不法的行为或不行为而产生的损害,几乎全部能够适用(政府赔偿)"。王名扬:《美国行政法(第二版)》,中国法制出版社 2005 年版,第 734 页。

③ James Underwood, *Tort Law: Principles in Practice*, Wolters Kluwer Law & Business, 1988, pp. 1121-1122.

美国普通法为名誉侵权的被告(公共媒体)设置了过高的精神损害赔偿。比如上述在《纽约时报》诉苏利文案中,亚拉巴马最高法院判决被告赔偿原告精神抚慰金50万美元,这相当于当地刑法规定的诽谤罪需要交付的罚金(500美元)的一千倍。

需要解释一下的是,美国普通法将名誉侵权的赔偿分为三类:一类是特殊损害(special damages)赔偿,也称实际损害(actual damages)赔偿,指的是名誉受损后,实际上所受到的损害,比如因为名誉受损,精神受到较大冲击,无法正常工作,再比如因为名誉受损,导致个人生意无法开展。这种损失是金钱可以衡量的,损失的多少由原告提供证据。第二类是一般损害(general damage)赔偿,它指名誉损失造成了精神痛苦,这种痛苦无法用金钱衡量,因此具体损失的金额不需要原告证明。第三类赔偿是惩罚性(punitive damages)赔偿,这种赔偿专门针对被告有"实质恶意"的情况。①

上文所述的案件适用过高的精神损害赔偿,属于第二类"一般损害赔偿"。因为这种赔偿无法用金钱衡量,所以在美国一般由法官通过自由裁量确定赔偿的金额,很多时候最后确定的金额是比较高的。有美国学者甚至指出:"也许是因为我们的国家非常富有,也许是因为我们在侵权案件中采用陪审团制度而其他国家不用,也许是因为其他的文化的原因,但是不管是什么原因,我们的法律体系给予受害人疼痛和痛苦赔偿金的数额远远高于世界上任何其他国家。"②

同时这种赔偿金过高的问题,还因为美国法不禁止重复起诉(double-jeopardy),而变得更加严重。"禁止重复起诉"相当于我国法上的一事不再罚原则,不禁止重复起诉意味着如果某项报道涉及许多人,那么每个人都可以启动诉讼,也可以获得同样高额的精神赔偿。以上两个因素加起来,作为信息发布者的媒体一方,将会面临巨大的赔偿风险,这会让言论表达自由遭

---

① James Underwood, *Tort Law: Principles in Practice*, Wolters Kluwer Law & Business, 1988, p. 1120.
② [美]斯蒂芬·D.舒格曼:《20世纪美国人身伤害法的演变》,高建学、张颖琨译,载王军主编:《侵权行为法比较研究》,法律出版社2006年版,第329页。

遇严重的"寒蝉效应",失去自由的"呼吸空间"(breathing room)。①

通过以上的介绍,我们可以看出美国法之所以如此"优待"媒体的言论自由,除了言论自由本身非常重要之外,美国公共官员只对"实质恶意"承担侵权责权,以及在美国名誉侵权要承担极高的精神损害赔偿金,也是非常重要的因素。而这两个因素在我国法律体系中恰恰都不存在,所以我们不应将"实质恶意"原则作为确定名誉侵权主体是否有过错的标准。

3. 美国法采取"实质恶意"原则的背景在我国并不存在

说美国法采取"实质恶意"原则的背景在我国并不存在,主要是因为我国国家公务人员对过失造成的违法行为不享有任何特权。一方面,我国国家赔偿采取无过错责任原则,即便国家工作人员没有过错,比如警察不是故意,也并非过失,抓错了犯罪嫌疑人,国家也要对受害人承担赔偿责任。另一方面,根据《国家赔偿法》第14条,赔偿义务机关赔偿损失后,应当责令有故意或者重大过失的工作人员或者受委托的组织或者个人承担部分或全部赔偿费用。② 这意味着即便公务员不是故意,而只是由于重大过失,也要支付相应的赔偿费用。这里的重大过失,前文已经有过解释,简单说就是指行为人欠缺一般人的认识水平,未能认识到行为的危害后果。③ 从这一点来看,我国行政追偿制度与美国不同,美国公共官员只对故意侵权造成的损失承担赔偿责任,而我国国家公务员则要为其重大过失导致的人身、财产损失,承担行政赔偿责任。

说美国法采取"实质恶意"原则的背景在我国并不存在还因为我国法院对于名誉侵权的精神损害赔偿确定的金额普遍不高。第一,2001年《最高人民法院关于确定民事侵权精神损害赔偿责任若干问题的解释》规定,名誉

---

① James Underwood, *Tort Law: Principles in Practice*, Wolters Kluwer Law & Business, 1988, p. 1121.
② 陈新民:《中国行政法学原理》,中国政法大学出版社,第266页。
③ 曾世雄:《损害赔偿法原理》,中国政法大学出版社2001年版,第2页。

侵权可以请求人身损害赔偿。① 第二,根据《侵权责任法》和2001年《最高人民法院关于确定民事侵权精神损害赔偿责任若干问题的解释》的规定,只有严重的精神损害,才可以请求精神损害赔偿。② 第三,精神损害赔偿的金额,在我国还没有统一的标准,法官需考虑侵权人的过错、侵权人的经济能力、所在地的平均生活水平等各种因素,③但总体上我国法院判决的精神损害赔偿的金额普遍不高,一般只有两三千元,最多的也只有几万元。④

从上面的介绍可以看出,我国名誉侵权法与美国不同,一方面国家工作人员要对自身的重大过失导致的人身、财产损害承担赔偿责任,另一方面侵权人要承担的精神损害赔偿金额普遍不高,所以我们不需要像美国法那样,将"实质恶意"作为判断名誉侵权主观过错的要件。不过说到这里,还有一个问题需要提出,就是如果我们不需要像美国法那样,给予公共媒体某种"特权",那是不是意味着我们可以要求媒体保证自己发布的所有信息都是真实的呢?或者进一步说我们根据什么来要求言论发布者履行"合理审查义务",承担过错推定责任呢?

---

① 2001年《最高人民法院关于确定民事侵权精神损害赔偿责任若干问题的解释》第1条规定:"自然人因下列人格权利遭受非法侵害,向人民法院起诉请求赔偿精神损害的,人民法院应当依法予以受理:(一)生命权、健康权、身体权;(二)姓名权、肖像权、名誉权、荣誉权;(三)人格尊严权、人身自由权。违反社会公共利益、社会公德侵害他人隐私或者其他人格利益,受害人以侵权为由向人民法院起诉请求赔偿精神损害的,人民法院应当依法予以受理。"

② 《侵权责任法》第22条规定:"侵害他人人身权益,造成他人严重精神损害的,被侵权人可以请求精神损害赔偿。"2001年《最高人民法院关于确定民事侵权精神损害赔偿责任若干问题的解释》第8条规定:"因侵权致人精神损害,但未造成严重后果,受害人请求赔偿精神损害的,一般不予支持。"

③ 2001年《最高人民法院关于确定民事侵权精神损害赔偿责任若干问题的解释》第10条规定:"精神损害的赔偿数额根据以下因素确定:(一)侵权人的过错程度,法律另有规定的除外;(二)侵害的手段、场合、行为方式等具体情节;(三)侵权行为所造成的后果;(四)侵权人的获利情况;(五)侵权人承担责任的经济能力;(六)受诉法院所在地平均生活水平。法律、行政法规对残疾赔偿金、死亡赔偿金等有明确规定的,适用法律、行政法规的规定。"

④ 柳经纬:《违约精神损害赔偿立法问题探讨——以〈民法典各分编(草案)〉第七百七十九条为对象》,《暨南学报(哲学社会科学版)》2019年第7期。

二、我国《民法典》应确立"合理审查义务"(相当性原则)

我国《民法典》第 1025 条规定:"行为人为公共利益实施新闻报道、舆论监督等行为,影响他人名誉的,不承担民事责任,但是有下列情形之一的除外……(二)对他人提供的严重失实内容未尽到合理审查义务……"意思是说,如果报道的事实是虚假的,而当事人又没有尽到"合理审查义务",则需要承担名誉侵权的责任,这事实上是给转发人设定了一定的审查义务。

至于什么情况算是尽到"合理审查义务",《民法典》第 1026 条规定:"认定行为人是否尽到前条第二项规定的合理审查义务,应当考虑下列因素:(一)内容来源的可信度;(二)对明显可能引发争议的内容是否进行了必要的调查;(三)内容的时效性;(四)内容与公序良俗的关联性;(五)受害人名誉受贬损的可能性;(六)核实能力和核实成本。"这意味着,如果行为人能够证明报道内容的来源是可靠的,对争议的内容进行了必要的审查,报道的内容有时效性(必须即时报道出来),报道的内容没有损害到公序良俗,受害人名誉损失的可能性不大,审查的能力不大,审查的成本很高,那么他就可以免于名誉侵权的责任。

不过名誉权条款中的"合理审查义务"怎么理解呢?它和"实质恶意"原则是一样的吗?从文义上看,"合理审查义务"暗含着行为人有审查信息真实性的义务,如果行为人因为疏忽大意没有审查信息的真实性,或者盲目自信地认为不加审查也能够避免危害后果的发生,那就有可能构成名誉侵权。从这一点来看,"合理审查义务"与"实质恶意"原则是不一样的,前者不但要处罚故意行为,还要处罚过失行为,而后者则只处罚故意行为。

我们可以举"黄某某诉岳某某、北京微梦创科网络技术有限公司侵害名誉权纠纷案"加以说明。北京著名律师岳某某在个人微博上,转发了其代理的一个案件的当事人赵某在微博上发布的一段视频,视频中对赵某的债务人黄某作了不真实的报道。黄某某和赵某的债务起源于双方发生的一场交通事故,赵某在事故中受了重伤,法院判决黄某某赔偿赵某 85.9 万元。赵某在黄某某已经赔付 49.6 万元的情况下,在视频中说黄某某"一分钱未赔"。这段视频经过岳律师的转发后,被电视台、报纸和其他自媒体上广泛传播,黄某某以名誉权受侵害为由起诉该律师。法院判决认为,如果要求网络用户对转发言论的客观性、真实性进行核实和调查,既不现实,也不符合互联网传播规律。只有当转发者明知或应知被转发言论存在失实或侮辱、诽谤等情形时,其才具有主观过错,才可能承担侵权责任。①

该案是行为人在微博上转发他人的言论,说某人欠债不还成为老赖。这种转发行为按照"实质恶意"原则是不需要承担侵权责任的,因为行为人并没有故意制造虚假消息,也不是对信息的真假毫不在意,他是真诚地相信这些消息的真实性。但如果按照"合理审查义务"原则,则是有责任的。因为行为人仅仅真诚地相信信息的真实性还不够,他还有义务去核实这个信息。"实质恶意"原则只需要行为人心理上没有恶意,而"合理审查义务"还要求行为人去查找证据,证明信息的真实性。所以说两者是不一样的。

除了这一点区别之外,还有一个重要的区别,就是双方的证明责任的不同。在"实质恶意"原则中,名誉侵权诉讼的原告承担举证责任。而在"合理审查义务"原则中,被告承担举证责任。关于证明责任的设置,有学者认为"实质恶意"原则和一般的举证责任不同,采取了一种举证责任倒置的规则。其实这是错误的理解,因为按照"谁主张谁举证"原则,被告有过错的证明责任应该由原告承担才对,因此不是"实质恶意"原则设置了一种举证责任倒置,反倒是"合理审查义务"原则要求被告证明自己尽到了合理审查义务,才真正倒置了举证责任,"合理审查义务"既处罚故意,也处罚过失,还推定行为人有过错。至于为什么由被告承担举证责任,下文还有详论。

对比了"实质恶意"原则和"合理审查义务"原则之间的区别之后,我们要继续回答的问题是,《民法典》的这项改革(设置"合理审查义务")是完全根据我们的经验总结出来的,还是在外国法上也有来源?我们的答案是它也是有渊源的,其渊源就是日本法名誉侵权上的"相当性"原则,国内也有学者持有类似的观点。② 对此我们还可以继续展开论述。

---

① (2019)京0491民初3838号;(2019)京04民终166号。
② 参见张红:《事实陈述、意见表达与公益性言论保护——最高法院1993年〈名誉权问题解答〉第8条之检讨》,《法律科学》2010年第3期。

《民法典》第1026条要求新闻发布人考虑"内容来源的可信度",这可以说明如果行为人从行政机关得到相关信息,那就可以发布该信息。"对明显可能引发争议的内容是否进行了必要的调查"和"核实能力和核实成本"与日本法要求的在有限的时间内尽可能做了印证和采访相似。然后"内容的时效性"也相当于日本法上的"报道的紧急性",也就是说如果事件紧急,必须及时报道,那么他们的调查义务就相对较小。

最后还有一点要说,我国《民法典》为何借鉴日本的"相当性"原则,确立"合理审查义务",让言论发表人承担过错推定责任呢?笔者认为,原因除了前面说的,我国缺乏美国法上采取"实质恶意"原则的背景之外,还有以下几点:

第一,我们不能要求言论发表人承担无过错责任,保证其发布的所有信息百分之百都是正确的。无过错原则是说行为人不管有没有故意和过失,都要承担民事责任。换句话说即便行为人履行了大部分人应有的注意义务,他仍要为自己行为造成的损失承担侵权责任。

我国《消费者权益保护法》和《环境保护法》经常采取这种归责原则。比如某个企业在生产过程中排出了有害气体,即便它履行了一般人甚至专业人员应有的注意义务,比如按照国家要求履行了各种手续,使用了各种防范措施,达到了国家的排放标准,但如果企业的排放造成了环境污染,对他人人身、财产造成了损害,它仍要对环境污染承担侵权责任。这么做的原因是工业生产本身就具有风险性的,有一些不可预知的危害,而这些风险由工业生产者造成,也只有工业生产者才能控制,工业生产者也从中获得了大量的利润,所以我们让他们承担无过错责任。①

可是回到新闻报道导致名誉侵权的问题,我们不能要求公开场合的发言者(比如媒体)保证所说的一切都是真实的,只要说了假话,就要承担名誉侵权的责任。事实的真假很难在短期内完全弄清,而对公共事件的报道又有一个时间的要求,人们越是能够快速了解事件,就越能够更快作出反应,甚至避开危险,而且真相的获取很多时候是在讨论中完成的,所谓"真理越辩越明"。如果不允许人们讨论,不允许人们在没有切实证据的情况下讨

---

① 朱岩:《危险责任的一般条款立法模式研究》,《中国法学》2009年第3期。

论,那么也许永远看不到真相。所以为了信息的快速传播,甚至为了更好地获取真相,有时候必须牺牲一点报道的真实性和涉事人员的名誉权。

第二,为言论发表人设置合理审查义务,不违反一般人的认识水平,是利大于弊的。通常情况下,人们在日常生活中,不会在没有任何根据的情况下,随意散播有损他人名誉的言论。比如像前面案例中出现的,在公开场合说,谁谁谁骗取了别人的感情,谁谁谁的学历是骗取来的,要说这个话一定要有相当的事实依据。所以我国《民法典》要求人们发表言论之前,核实信息的真实性,这么做是符合人们认知的,并没有太过苛刻。

此外未经核实发表的言论,虽有一定的正面价值,这些信息可能也是真实的,或者通过相互讨论更容易获得真实的信息,但其负面价值(对他人名誉的伤害)更大。特别是当这些信息也不那么紧急,不立刻发布也不会带来很大的风险时。在后真相时代对虚假信息的澄清成本非常高,甚至可能会越抹越黑。因此根据利益衡量法则,必须对不加审核发布虚假信息的行为予以限制。这么做并不会严重影响事实的揭露和真理的发现,人们仍然可以经过一定的核实,排除合理的怀疑之后发布信息。总之牺牲一点言论自由,而保住名誉的纯洁,是利大于弊的。

第三,采取过错推定责任,让被告证明自己做过合理的审查,更有利于证据的发现。确立"合理审查义务"之后,下一个的目标就是要证明被告有没有履行审查的义务,如果采取过错责任原则,原告就要证明被告存在过失,但在名誉侵权诉讼中这是难以做到的。一般来说证明被告存在故意,可以从案件发生之前双方的交往过程入手,但如果要证明过失,那么原告就得证明被告的行为要么(1)不符合法律法规的规定,要么(2)不符合一般人合理的、谨慎的行为标准,要么(3)损害是由不可抗力、受害人或第三人行为造成的。在这三者之中,(1)可能还比较容易证明,但是(2)和(3)就不容易了,在新闻报道和舆论监督侵犯他人名誉权的时候,这种事实多是在被告控制的范围内,原告很难证明。而反过来如果由被告(言论发表人)承担举证责任,证明自己和原告没有任何矛盾,自己也尽到了法律规定的,或者一般人应该达到的小心谨慎的标准,或者损害是由不可抗力、受害人或第三人行为造成的,则更有利于督促言论发表人预防损害的发生。

第四,采取过错推定责任,让被告证明自己做过合理的审查,也不会过分妨碍思想的自由流通。或许有人认为要求学术研究审慎发表观点,会出现美国法学家所担心的产生"寒蝉效应"。美国法认为即使错误的言论会产生错误的形象,但言论的自由市场是可以自我澄清的。可是实际上,所谓的澄清不那么容易,更不那么及时,大部分人也没有那么强的意志去对抗和纠正这种错误,更多的是默默承受错误带来的伤害。因此我们不能完全信赖言论的自由竞争。

说到这里我们可以作一个总结。第一,学术研究涉及他人名誉权时,应保证对发表的内容有合理的依据,要具体地核实,审查事实,不能道听途说,任意转发。第二,学术研究涉及他人名誉权时,发表的内容要给予个人应有的基本尊严,不能随意贬低他人。关于学术研究侵犯名誉权的裁判我们还得综合考虑上述抗辩事由,比如合理的来源、权威消息来源、紧急情况、保护最亲近的人的利益等等情况。所以我们最后还要提一下"合理审查义务"的运用。

三、"合理审查义务"的具体适用

关于行为人是否履行"合理审查义务"的问题,我们可以用几个案例和事件来谈谈。

1. 引用、转发不实言论应履行"合理审查义务"

引用、转发他人的不实言论,要不要履行"合理审查义务"? 笔者的答案是需要履行"合理审查义务"。在某些案例中,有人在微博上转发他人的文章,说某某女士欺骗了他人的感情和钱财,说某某女士的研究生学历是靠给人做保姆换来的,说某某交通肇事后一分钱不赔,这些信息最后都被证明是虚假的,可以说微博转发人未尽到"合理审查义务"。

或许有人会说,要求人们转发微博或者发微信朋友圈前审查内容的真实性,是不是要求太高了,自媒体上的言论发表人,不具有传统媒体那样强大的调查核实能力,让转发微博或微信朋友圈的人承担合理审查义务,会不会带来"寒蝉效应",会不会让人们不敢讲话,特别是不敢讲真话? 这种担心也有一定的道理,但是也不够全面。虽然说自媒体的发言者没有那么大的调查和核实能力,但是自媒体的言论,目前已成为重要的信息来源,甚至比传统媒体更加有影响力,而且虚假言论对个人名誉的伤害,不因信息发布者是自媒体还是传统媒体而有不同,自媒体的虚假言论甚至比传统媒体更有杀伤力。因此我们不能说,因为自媒体人只具有私人身份,不是一个机构,就可以在网络上随意发表言论。

而且这种做法也不会过分限制言论自由。首先,如果引用的内容是国家机关或者权威媒体正式公开的信息,即便后来被证明是虚假信息,也可以根据《民法典》第1026条的"内容来源的可信度",来免除言论发表人的名誉侵权责任。其次,如果不能确定言论的真实性,但仍想发布这些信息,也可以像下文将要提到的,只在小范围内,在朋友、家人之间发表,这不会构成名誉侵权,而且也能实现言论发表、意见表达的目的。

2. 在关系紧密的家人群、同学群(微信、QQ)中发表言论,不需要履行"合理审查义务"

在关系紧密的家人群、同学群中发表言论,可以不承担"合理审查义务"。《民法典》第998条规定:"认定行为人承担侵害除生命权、身体权和健康权外的人格权的民事责任,应当考虑行为人和受害人的职业、影响范围、过错程度,以及行为的目的、方式、后果等因素。"其中"行为的目的",可以理解为言论的发表为的是保护最亲近的人如亲属、朋友的利益,它符合前面说的"为保护亲人的利益享受的抗辩(豁免)",这时候即使所说的不是事实,也不算名誉侵权。

根据这个原则,我们可以对不同场合发表的言论作一下区分。首先,在最亲近的家人和同学组成的微信群、QQ群中发言,这些人相互之间有保护的义务,所以在这些场合的发言,即便存在虚假事实,也不构成名誉侵权,只要不是明知或者毫不在意事实的虚假。这个场合中的行为人应该适用美国法上的"实质恶意"原则。

其次,在另外一种场合,比如微博、微信公众号中,这些场合的开放性更大,受众更广,接近于广播、电视、报纸、门户网站等大众媒体,人们相互之间不存在相互保护的义务,发言人就应该承担合理审查的义务,也即要有相当的证据,才能主张某项事实。这是发言者要注意的。

3. 紧急情况下发布疫情、灾情等信息,可根据"内容的时效性"豁免名誉侵权责任

言论发表还有一项重要的豁免事项要注意,那就是如果行为人发布的信息是险情、灾情等紧急信息,言论发表人可以根据上述《民法典》1026条中的"内容的时效性"原则,豁免名誉侵权责任。不过要注意的是,言论发表人不能故意制造和传播虚假险情、疫情、灾情、警情信息,否则就要承担行政责任和刑事责任(《刑法》第291条)。只有紧急情况下来不及进行合理审查,且不及时发布紧急信息会造成重大生命财产损失时发布信息,才可以免于名誉侵权的责任。

以上是我们介绍"合理审查义务"的几个典型的应用场景,类似的情景其实还有很多,这里不再一一赘述。至此本文讨论了《民法典》名誉侵权条款的一个重要的新原则——"合理审查义务",我们谈到了这个原则的含义,它与其他原则的区别,遵守这个原则的理由,以及该原则的实施方法。

总结一下,合理审查义务原则,是要求新闻报道机关、舆论监督人员在发布信息时,要对信息主要内容的真实性加以核实,否则就有可能构成名誉侵权。如果经过一定的核实仍没有发现信息的虚假,就不需要承担责任。从主观要件的角度来看,该原则是一种过错推定责任,与美国法上的"实质恶意"责任(本书认为它是一种故意责任),有很大的区别。美国法上官员只有存在"实质恶意"时才承担责任,以及名誉侵权要承担过高的精神损害赔偿,而在中国不存在同样的背景,所以也就不适合在中国使用。

《民法典》采用"合理审查义务"原则,主要是因为它既能充分保护名誉权,也能照顾到言论的自由,还符合证据发现的规律(因为言论的发表人更有能力证明自己履行过合理审查义务)。"合理审查义务"原则在实施时,可考虑几个方面:首先,不加审核地引用、转发他人的不实言论,是一种未履行"合理审查义务"的行为。其次,在判断行为人有无履行"合理审查义务"的时候,要区分言论发表的场合,在微信群、QQ群等人数较少的场合发表言论,不需要履行合理审查义务。最后,在紧急情况下发布时效性强的险情、灾情等信息时,审查信息真实性的义务也较低。

说完学术批评在陈述事实方面是否侵犯公民名誉权的裁判规则之后,再来谈谈学术批评本身(也就是评论性言辞)侵犯名誉权的判断标准问题,笔者的观点是最大限度地尊重公民的人格尊严,保护公民的内在名誉。

第三节 学术批评侵犯内在名誉(人格尊严) 的裁判规则

关于内在名誉(名誉感)保护的目的,前面我们从心理学上作了深入的探讨,简单说就是名誉权的保护具有保证内部对话、建构独特人格、控制自身形象、发展健康心理、完成社会合作的作用。但是这种对待名誉权和人格尊严的态度,世界上许多国家都是不一样的。前面我们说过,美国法主张以言论自由豁免侮辱性言论,而日本和德国法则以名誉情感(也就是内在名誉权)为由禁止侮辱性言论。那么我们国家应该采取什么样的态度呢?

一、如何对待学术批评侵犯人格尊严——从《民法典》名誉权条款的解释入手

要探讨应该如何对待学术批评侵犯人格尊严(内在名誉)的案件,我们必须要从《民法典》开始,《民法典》是我们今天讨论民事法律制度的前提。可是我们也知道,前面所说的人格尊严(内在名誉或尊严感)之前一直是名誉权的一个条款,但在2020年通过的《民法典》中,人格尊严从名誉权条款中删去了,那么我们到底应该怎么理解呢?

《民法典》公布后,人格尊严的位置有了新的变化。人格尊严在之前的《民法通则》中,是处于名誉权条款中的。《民法通则》第101条规定:"公民、法人享有名誉权,公民的人格尊严受法律保护,禁止用侮辱、诽谤等方式损害公民、法人的名誉。"而《民法典》的名誉权条款在第1024条:"民事主体享

有名誉权。任何组织或者个人不得以侮辱、诽谤等方式侵害他人的名誉权。名誉是对民事主体的品德、声望、才能、信用等的社会评价。"中间没有"人格尊严"的规定,相反人格尊严被放到了《民法典》第990条,作为更加概括性的规定:"人格权是民事主体享有的生命权、身体权、健康权、姓名权、名称权、肖像权、名誉权、荣誉权、隐私权等权利。除前款规定的人格权外,自然人享有基于人身自由、人格尊严产生的其他人格权益。"

那么现在的《民法典》中的人格尊严到底应该怎么解释呢?笔者认为它应该像前文所述的德国宪法一样,最广义地理解为所有权利的基础。其理由有以下几项:

第一,《民法典》(第990条)扩大了人格尊严概念的外延。这条规定和《民法总则》规定类似:"自然人的人身自由、人格尊严受法律保护"(109条),"自然人享有生命权、身体权、健康权、姓名权、肖像权、名誉权、荣誉权、隐私权、婚姻自主权等权利"(110条)。从这几个条款中,我们可以明显地看出,和人身自由一样,人格尊严被作为一种概括权利,置于身体权、健康权、姓名权、名誉权等特别人格权之前。对此,有学者把人格尊严解读为一般人格权,也即姓名权、肖像权、名誉权、隐私权等内在状态的自由,但笔者还是认为将人格尊严解读成所有权利之基础更为恰当。

第二,司法裁判也倾向于将人格尊严作为最基础、最概括的权利,不仅包括一般人格权(也即个人内在状态的自由),还包括一般行为自由(个人外在行为的自由)、平等权和福利权在内,比如前些年的"人狗同餐案"(有人在饭店带狗一起吃饭,遭到邻桌顾客的起诉)、"丑女难进酒吧案"(酒吧拒绝长相丑陋的顾客进入消费而遭到起诉)和"超市搜身案"(超市怀疑顾客偷窃并强制搜身而遭到起诉),都是被作为侵犯人格尊严的纠纷来处理的,可见我国法院是将人格尊严作最广义理解的。

第三,对人格尊严作最广义的解释,契合我国宪法上人格尊严的规定。我国宪法上的人格尊严条款是《宪法》第38条——"中华人民共和国公民的人格尊严不受侵犯。禁止用任何方法对公民进行侮辱、诽谤和诬告陷害",这一条虽不像德国宪法那样直接将人性尊严放在所有权利的前面,统摄其他所有基本权利,但也可以采取比较法解释的方法,对其作最抽象的理解,而不必像有的学者那样,拘泥于宪法的文本,只将它解释为名誉权的一部分。

从比较法解释的角度来看,超脱于文本对宪法规范作合目的的解释的方法并不少见。比如日本学界对其宪法第13条(对于谋求生存、自由以及幸福的国民权利,只要不违反公共福利,在立法及其他国政上都必须受到最大的尊重)的解释,就没有严格拘泥于宪法的文本对该条款中的"生存、自由、幸福"三项权利作同等对待,而是摘取了其中一项权利"幸福追求权",作为最概括性的规定,引导出隐私权、名誉权、环境权等人格权。这种方法我们在解释宪法上的"人格尊严"概念时也可以应用。

如果我国宪法上的"人格尊严"也可以作最概括的解释,为避免法律解释上的混乱,《民法典》中的人格尊严也就不必仅仅解释为一般人格权,而应该是包括平等权、行为自由和人格权在内的所有权利的基础规定,特别是当个人权益受侵害却找不到具体的法律规范作为依据时,就可以援引这项规定(人格尊严)加以论证。但是如果某项权利已有相应的法律规范加以保护(如本书所说的名誉感已经被包含在名誉权中),我们就不必劳神费力再引用人格尊严条款加入论证了。说完了《民法典》中的人格尊严的条款的解释方法,下面要问的是《民法典》中的名誉权条款,是不是也保护人格尊严(内在名誉或名誉感)?

二、名誉权条款应该解释为包括内在名誉(名誉感)在内

对于这个问题,笔者认为《民法典》中的名誉权条款仍然保护人格尊严、内在名誉或名誉感,其理由如下:

第一,不管是《民法典》还是《民法通则》,都在名誉权条款中规定了禁止侮辱他人。这意味着,法律除了禁止人们歪曲事实,毁坏他人名誉(诽谤)之外,还保护一个人不被侮辱、不被剥夺最基本尊严的权利。又因为《民法典》的名誉权条款把原来作为侮辱对象的人格尊严去除了,只保留了名誉权,所以我们可以说,以前作为内在名誉保护对象的人格尊严,被作为名誉权的内容了。

第二,《民法典》第1024条对名誉权的界定,说名誉是"对民事主体的品

德、声望、才能、信用等的社会评价",这也不是否定《民法典》保护"名誉感"的理由。虽然说名誉感指的是个人的自尊、自我价值感、一个人对自己的评价,但这种自我评价的降低,仍然是外在评价的降低导致的,它和外在评价是密切联系的,正因为外在社会(他人)对个人进行侮辱和谩骂,才让个人对自己的评价急剧下降。所以我们说,内在名誉的保护仍然是对一个人名誉的保护,保护"民事主体"在"品德、声望、才能、信用"上受到恰当的"社会评价"。

第三,从理论上来说,评价他人时,名誉权也包括个人的名誉感。前面已经说过,德国的名誉权保护,要求尊重每个人,不能任意评价他人,评价他人时既要实事求是,也要给予最基本的尊重,不能毫无底线地批评谴责。这虽然是德国的做法,但根据中国人对名誉的理解,也可以得出同样的结论。在中国人看来名誉就是好的名声,如果一个人遭到他人的侮辱、谩骂,这个人的好名声如何维持呢?一个人在社会上受不受他人的尊重,要看每个人对他的态度。如果有人对他侮辱谩骂,其他人对他也一样地会轻视、怠慢。所以给他人最基本的尊重,禁止将他人贬低为"非人",也是名誉权保护的一个方面。

总之,名誉感是最抽象的人格尊严在个人相互评价中的体现,是名誉权的一个部分。不过说到这里,我们仍然要追问,到底应该怎样对待学术批评侵犯人格尊严的问题。

三、《民法典》允许批评意见但禁止贬损他人人格的言论

要回答这个问题,我们还得回到美、德两国对待人格尊严的态度上。通过比较美国和德国对于侮辱、谩骂行为的态度,笔者认为德国的做法更为可取,我们应该禁止以侮辱、谩骂的形式进行学术批评,确保每个公民的人格尊严(名誉感)不受侵犯。其原因除了前文说过的几点之外,还因为我们大部分人并没有那么强的抗压能力,不恰当的批评质疑会让一个人遭受巨大的心理伤害。

我们可以举一个例子来说明。这是一个发生在推特(Twitter)上的语

言暴力事件。一位女性,在伦敦希斯罗机场准备前往非洲旅行之前,发了一条推文说:"要去非洲了,希望我不会染上艾滋病。开玩笑啦,我可是个白人呢!"推文发出之后,她的一位粉丝(她全部粉丝只有 170 名)把这条推文转发给了一位记者,这位记者又将它转发给了他的 15 000 个粉丝,之后那条推文就以闪电般的速度占据了推特的话题榜首。这位女性在推特上遭到无数网民的辱骂,网民还疯狂地搜索她的私生活,要求她的公司开除她,她所在的公司为了自保,在推特上发表声明,并且解雇了她。

前几年发生过一个"成都女司机被打"事件,一名成都女司机随意变更车道,被一名男司机殴打。视频传到网上后,网民在谴责打人者的同时,也有人对女司机违章开车的行为恶意谩骂,并曝光了女司机的违规行车记录、家庭住址甚至生理期等个人隐私信息。当事人面对镜头泣不成声,其家人表示抗议,要诉诸法律,却引来网友更多的批判。类似事件还有"女医生自杀事件""杭州网红殴打孕妇"等等,这些事件都是因为当事人做错了事,说错了话,而遭到网民的肆意谩骂,造成当事人生活和精神极端痛苦的情形,这些都说明人格尊严的伤害对人来说是相当严重、难以承受的。

总之,理性辩论必须有一个底线,即便是不同意的观点,不喜欢的人,也不能侮辱谩骂,将他人贬低为非人。说到这里我们就能理性对待那种反对观点了,比如前面曾经有学者主张,名誉感不适合作为名誉权保护对象,因为名誉感的伤害是主观的,有的人觉得被骂了没什么大不了,有些人却感觉天塌下来了。这种看法是不对的。难道因为不同的人抗打击能力有差别,有人比较抗打,不怕打,有人打了就会受伤,就不需要保护人们不受殴打的权利吗?只要这种行为会对人有伤害,而且是对大部分人都有伤害,就不能以有些人觉得无所谓为由,不惩罚这种行为。

当然说人们都有不被侮辱、诽谤、贬损的权利,也不是完全禁止人们之间的相互评价,社会之所以能合作,本身就是相互评价的结果。一个人做了对社会有害的事情,人们批评他,甚至处罚他,他才能改正错误,回归正轨。恰当的做法是,如果一个人的行为不影响他人,那我们就不能对他们作出评价,否则就是对侵犯他人的隐私,隐私权本身就是不被他人评价的权利。①

---

① 参见葛虹:《日本宪法隐私权的理论与实践》,《政治与法律》2010 年第 8 期。

此外,如果一个人的行为关系到他人,这个人就必须容忍别人的评价,尽管这种评价会伤害他人的自尊,降低社会对他的评价,比如媒体对公众人物和公共事件的批评,公司对员工业绩的评价。要注意的是,这种评价也要守住一个底线,一方面要实事求是,不能歪曲事实,另一方面也不能过分贬损他人人格,必须给人以最基本的尊重,不能在评价他人时将他人贬低为非人等。

　　总之,从以上几点来看,我们不能对侮辱、诽谤的言论保持容忍,而应该将其视为违法犯罪予以打击。

第六章　学术批评侵犯名誉权案的责任承担

上一章我们谈到学术批评侵犯名誉权案的裁判标准,这一章我们谈谈学术批评侵犯名誉权的民事责任。这些问题虽不直接与学术批评是否侵权的判断相关,但对此判断有重要的影响。比如我们上文提到过的,在美国法上权利人能够获得极高的精神损害赔偿,那么在判断是否存在侵权时就必须特别慎重。再比如,如果权利人在侵权言论尚未发表的时候,就可以申请"禁令",禁止侵权人发布侵权言论,那么在判断是否存在名誉侵权时,就必须更为严格,因为紧急发布禁止性命令比如删除某种言论,对他人的言论自由影响非常严重,不能轻易允许禁令颁发。

关于学术批评导致名誉侵权的救济途径,也需要我们作一下重点分析。这些问题包括:精神损害赔偿如何计算;非财产性的救济措施如何实施,比如能否要求侵权人发表致歉声明;是否允许权利人就禁止侵权人发表不当言论申请禁令;能否要求媒体刊登反驳性的言论;能否要求侵权人发表更正报道;能否要求侵权人删除不当言论;等等。下面逐个予以分析。

第一节　精神损害赔偿的金额

确定侵权人存在名誉侵权之后,第一个要考虑的问题就是权利人可以获得多少赔偿。该问题会影响我们对是否存在名誉侵权的判断。该问题具体包括:赔偿的原则是什么,是补偿他人的损失,还是惩罚他人的行为?赔偿金额如何计算?

一、赔偿的原则

在精神损害赔偿的计算中,一个重要的问题是赔偿的目的是什么?也就是为什么要进行赔偿?对此主要有补偿说、惩罚说、警示说。比如杨立新教授针对精神损害赔偿提出三条原则:"第一是要考虑对受害人是否起到抚慰的作用,第二是要考虑对加害人是否起到制裁的作用,第三是能否对社会有一般的警示作用。"笔者认为三条原则综合考虑是恰当的,不能偏重一条原则。这些原则从法理角度看,可以分为两个方面:一是发挥赔偿的补偿作用,二是发挥赔偿的预防作用。

为了能有补偿性,能够补偿受害人的损失,赔偿金额要能让每个人受害人,根据受害程度(比如有没有经过医院治疗),都能获得赔偿;侵权人也要按照自己的过错承担责任,对不属于自己的损害结果不承担责任。为了能有预防作用,赔偿金额要视侵权人的财产状况来定。如果侵权人的经济条件好,则可以判处较高的赔偿金,以达到惩戒的目的、预防的效果;如果侵权人生活困难,也要给他留足基本生活物资,只要能够达到惩戒侵权人、警示其他人的目的就可以了,以防范他下次犯同样的错误。

二、赔偿的金额计算

确定赔偿原则,为的是计算赔偿金额,笔者认为可以参考其他国家的做法。比如美国法对于名誉权的赔偿,主要有三类。一类是特殊损害赔偿(special damages),也称实际损害赔偿(actual damages),指的是名誉受损后实际所受到的损害,比如因为名誉受损,个人精神受到较大冲击,无法正常工作,或者因为名誉受损,个人生意无法开展。这主要是财产性的损失,可以用金钱衡量,损失的多少需要由原告提供证据。第二类是一般损害赔偿(general damages),实际上是精神损害赔偿,它是指名誉损失造成的无法用金钱衡量的精神痛苦,这种精神的损失不需要原告证明。第三类赔偿是惩罚性赔偿(punitive damages),主要是针对被告存在"实质恶意"的情况所进行的惩罚,没有"实质恶意"就不需要承担惩罚性赔偿。

而日本法上名誉侵权的赔偿与美国有所不同,日本法中的精神损害赔偿本身就包含着惩罚性赔偿,只是在考虑精神损害赔偿的数额时,会考虑侵权人主观上是过失还是故意。根据五十岚清教授的介绍,日本的精神损害赔偿金额早期也很少,20世纪80年代之后逐渐增多,目前已经很高了。在确定赔偿金额时,日本法院主要从两个方面加以考虑。一是加害方的情况,主要有:(1)行为的动机和目的;(2)行为的内容;(3)内容是否真实;(4)如果不真实,是否有相当性;(5)加害行为的方法和范围;(6)加害人获得的利益。二是受害方的情况,主要有:(1)受害人的社会地位,是否属于公众人物;(2)社会评价的降低程度;(3)受害人盈利的损失;(4)受害人的生活上受到的不利影响;(5)受害人的过失;(6)受害人的救济程度;(7)受害人的请求方式。①

上述这些因素在我国精神损害赔偿的立法上也有一些体现,不过也有一些因素我们没有考虑到。我国《最高人民法院关于确定民事侵权精神损害赔偿责任若干问题的解释》(2020)第5条规定:"精神损害的赔偿数额根据以下因素确定:(一)侵权人的过错程度,但是法律另有规定的除外;(二)侵权行为的目的、方式、场合等具体情节;(三)侵权行为所造成的后果;(四)侵权人的获利情况;(五)侵权人承担责任的经济能力;(六)受理诉讼法院所在地的平均生活水平。"

比较一下可以看出,与我国精神损害赔偿所考虑的因素相比,日本法院没有考虑到加害人(侵权人)的赔偿能力和当地平均生活水平;与日本法院精神损害赔偿考虑的因素相比,我国精神损害赔偿立法则没有考虑受害人的身份(是普通人还是公众人物)、受害人盈利的损失、受害人生活上所受到的不利影响、受害人的过失等等情况。笔者认为两方综合一下应该更好,加害人的情况要考虑,受害人的情况也要考虑。

---

① 参见[日]五十岚清:《人格权法》,[日]铃木贤、葛敏译,北京大学出版社2009年版,第193页。

总之，公民名誉权受到侵犯，在赔偿金额方面主要考虑侵权的目的、场合和方式、侵权人的过错（陈述是否真实或是否有相当的证据）、侵权人的获利情况、侵权人承担责任的经济能力以及受诉法院所在地的平均生活水平。

第二节 赔礼道歉

以上是笔者对精神损害赔偿的思考，下面要说说学术批评侵犯名誉权的一个特殊承担责任的方式，那就是赔礼道歉。

一、赔礼道歉作为侵权责任承担方式的现状与争论

赔礼道歉是我国立法和实践中常见的侵权责任的承担方式之一，在精神损害案件中运用得特别广，因为精神上受到的损害很多时候更适合用赔礼道歉来抚平。其实不只是中国，在日本侵权法上，赔礼道歉也很多，日本法院经常判决当事人承担赔礼道歉的责任，但是"如果受损害的名誉已得到恢复或名誉损害得到足够的经济赔偿的时候，或名誉毁损的反社会程度轻微、受害很小的时候，可以认为不能责令刊登道歉广告"。道歉广告就是赔礼道歉。这里的意思是：如果以精神损害赔偿，来达到抚慰受害人的结果，则不需要判决赔礼道歉；如果加害人的反社会程度轻微、伤害不大，则也不需要被判决赔礼道歉。

日本法还对赔礼道歉作了更细致的分类，比如最常见的是在报纸、杂志上刊登的赔礼道歉，还可以在某单位内部的机关报纸上刊登致歉信、在单位内部的公告栏中刊登致歉信（如果名誉损害的行为发生在单位内部）、亲手送交致歉信、邮寄致歉信、在互联网上刊登致歉信。①

---

① 参见[日]五十岚清:《人格权法》,[日]铃木贤、葛敏译,北京大学出版社2009年版,第200页。

除了我国和日本等少数国家,大部分国家都未将赔礼道歉作为承担侵权责任的方式之一。① 之所以如此,应该主要是因为强制人们赔礼道歉,被认为违背了宪法上的良心自由,或者说是思想的自由。② 对此,我国近些年也有许多学者开始注意这个问题,主张应该将赔礼道歉排除在侵权责任之外,比如姚辉教授、周友军教授、冀宗儒教授等。③ 除了认为违反思想自由之外,他们还认为赔礼道歉属于道德的范畴,不该由法律强制,赔礼道歉还会导致人产生二重人格,以及赔礼道歉不是必要的解决问题的措施。④

不过鉴于赔礼道歉在我国司法实践上具有悠久的历史,仍有许多学者

---

① 但国内也有学者认为,大部分国家都有赔礼道歉的责任,比如张红:《不表意自由与人格权保护——以赔礼道歉民事责任为中心》,《中国社会科学》2013年第7期。该结论扩大了赔礼道歉的概念。比如他将德国法院为恢复受害人名誉,判决被告撤回不当言论,当作赔礼道歉,实际上二者并不相同,前者只是对错误事实的澄清,后者则是对自己的错误表示忏悔。因为也有很多情形,尽管事实已被认定错误,被告人也无后悔和道歉之意,他可能还有其他方面的托词和理由。所以不能说德国法上有撤回言论的责任,就认为他们也有赔礼道歉的法律责任。再比如张红将英国法上的被告主动赔礼道歉可以减轻赔偿数额,当作存在赔礼道歉的法律责任。要注意的是英国法上的赔礼道歉不是强制的,只是个人自愿的,不能作为法律责任的一种。再比如作者没有注意到,韩国等国已经将赔礼道歉视为不合宪。

② 参见[日]五十岚清:《人格权法》,[日]铃木贤、葛敏译,北京大学出版社2009年版,第200页。

③ 参见姚辉、段睿:《"赔礼道歉"的异化与回归》,《中国人民大学学报》2012年第2期;周友军:《我国侵权责任形式的反思》,《法学杂志》2009年第3期;冀宗儒:《论赔礼道歉作为民事救济的局限性》,《人民司法》2005年第9期;付翠英:《论赔礼道歉民事责任方式的适用》,《河北法学》2008年第4期。

④ 姚辉教授引用了日本法院和韩国法院认定赔礼道歉的判决违反宪法的意见,日本最高法院的判决说:"道歉或称谢罪这一行为是伦理判断、感情和意思的表露,对谢罪者本人是具有屈辱意味的行为,所以命令谢罪广告不仅违反保障良心自由的宪法第19条(思想以及良心的自由不受侵害),而且脱离了作为近代社会中可以施加司法强制的事项范围。"韩国宪法法院的判决说:"赔礼道歉行为应源于合理的伦理判断、感情和意志,是一种从心底里发出的自发行为,这种表白才是社会的美德。而强制当事人违心作出赔礼道歉是一种使之被迫认罪的形式,是强制要求当事人以歪曲自己的忍受心为代价而表示所谓的良心自由,造成良心自由价值的扭曲,造成外部与内心不一致的'二重人格',违反了禁止强迫良心的宪法原则;同时,在存在其他恢复名誉措施的条件下,强制的赔礼道歉不仅不符合立法目的,也是不必要的。"参见姚辉、段睿:《"赔礼道歉"的异化与回归》,《中国人民大学学报》2012年第2期。

主张坚持赔礼道歉作为民事法律责任的形式,①或者主张在坚持的基础上改造使用。② 其理由是:第一,即便赔礼道歉侵犯了良心自由,良心自由本身也不是不能侵犯的,"任何自由都是有限度的";第二,通过强制赔礼道歉,唤醒人们的良心,其实是对个人尊严的恢复,而不是侵犯;第三,惩罚是通过让人走上正确的道路,恢复人们的良心,不但不是对良心自由的侵犯,而恰恰是对良心自由的恢复。③

以上两种观点中,第一种没有对什么是思想的自由作更详细的说明,导致其他人对良心自由随意地解读,此外对于道德与法律的关系,说得也不够清楚。第二种观点则错误地理解了良心或思想的自由,甚至彻底否定了良心或思想的自由。对此笔者觉得第二种观点的缺陷有三个方面:第一是没有理解什么是良心自由;第二是没有认识到它的重要性;第三是没有认识到它是如何被限制的问题。

二、什么是良心自由?

什么是良心自由? 良心自由也称思想自由,④是指一个人的内心的思考过程,特别是有关是非对错的判断不受外界强制的自由。良心自由的落脚点不在良心,也不在有没有判断善恶的能力,而在于自由,在于按照自己

---

① 参见黄忠:《赔礼道歉的法律化:何以可能及如何实践》,《法制与社会发展》2009年第2期;黄忠:《认真对待"赔礼道歉"》,《法律科学(西北政法大学学报)》2008年第5期。

② 参见葛云松:《民法上的赔礼道歉责任及其强制执行》,《法学研究》2011年第2期;郝维华:《加拿大—中国道歉法的比较分析》,《比较法研究》2011年第6期。

③ 黄忠教授认为:"法律保障人身自由,但任何人的自由都是有限度的。……这一强制的建立及内容的安排归根结底是侵权人通过自己意志而决定的自己在特定行为上的不自由,所以在决定或选择的前提意义上道歉人仍具有自由和尊严。……通过赔礼强制赔礼道歉尽可能地唤醒侵权人的良心,这在某种意义上说是对侵权人尊严的恢复而非侵犯。实际上,刺激和影响伦理主体的内在主观状态,迫使其自我警惕并积极发挥求善智慧一直被视为是惩罚的伦理价值的重要部分。"参见黄忠:《赔礼道歉的法律化:何以可能及如何实践》,《法制与社会发展》2009年第2期。

④ 杨洪斌:《论现代国家和宪法上的"人"——良心自由、"人的尊严"与现代宪法》,《学术交流》2017年第7期。

的想法判断善恶的自由。所以上述第二种观点认为,让人赔礼道歉不仅不伤害一个人的良心自由,而且是恢复了人们的良心,是错误地理解了良心自由,所谓良心自由,恰恰是不受强制地思考和判断是非对错。

我国宪法上虽然没有良心自由,但良心自由的精神是内含在宪法之中的。有学者提出《宪法》第36条的宗教信仰自由"如果可以从良心自由的角度来认识,则可能更具优势,更加符合中国作为世俗国家、政教未曾合一的事实","思想自由、宗教自由、表达自由和结社自由等即是良心自由的体现,这些权利的核心价值即是良心自由;这些权利的实现即是良心自由的实现"。①

三、良心自由何以重要?

良心自由为什么重要?良心自由之所以重要,是因为人不同于动物,人具有语言的天赋,能通过内心本我和客我的对话,意识到自己的存在,将自己和他人区分开来(自我意识);所以人的意志(意愿)能脱离外部世界和内在本能的控制,从形成自己的独立判断(自由意志)。可以说良心自由是人的尊严的直接体现,是前文所说的所有基本权利的本质。如果一个人在思想上(良心上)完全受他人支配,他就会被剥夺作为人的基本条件。

此外,良心自由还是一个人形成独立人格的最基本方法,没有良心的自由,一个人就难以形成稳定的人格,就容易没有主见,受人摆布,这样的人对他自己、他人和社会都是非常危险的。我们要做的是培养人的心智,使人能够合理地调和内在主我和外在客我之间的矛盾,形成善良的人格,控制不良的想法。②

总之,个人良心的自由是人类最根本的品质,我们必须格外珍惜和呵护,即使我们有时候必须为此牺牲其他一些重要的利益,比如为了保护个人

---

① 陈斯彬:《良心自由的宗教基础及其核心地位》,《浙江社会科学》2015年第12期。
② 参见[美]乔治·H.米德:《心灵、自我与社会》,赵月瑟译,上海译文出版社1992年版,第155页;国内研究也可参见谢晖:《依赖关系演进中人类境况的法哲学审视》,《学术界》2019年第9期。

在思想或感情上的自由,法律允许人们恋爱后分手,结婚后离婚,而不强制人从一而终。

四、良心自由能否被限制?

良心自由能否被限制?答案是良心自由是绝对不应该受到限制的。按照宪法学原理,每个人都有行为自由权,也称为一般人格权,只有在保护他人权利或利益以及本人权利的情况下,才允许限制人们的行为自由。①

在刑法上,要确定一个行为是否构成犯罪,主要是看该行为有没有造成危害。倘若行为人存在不良思想,但仍能将不良思想控制住,而不去具体实施,没有造成社会危害,刑法也不将其视为犯罪。总之,不良思想只有在产生现实的危害或者具有危害的可能性时,才需要以刑法加以制止。正如张明楷教授所说,立法者"不能将单纯违反伦理的行为规定为犯罪"②。

以上是在规范层面的讨论,我们还可以从法理的角度提出论证。在法理学上,良心的自由属于道德领域,不属于法律领域。正如前文援引的德国思想家康德和法学家耶利内克以及美国法学家富勒所指出的,法律规范的是外在行为,道德约束的是内在动机,法律是最低的道德,是义务的道德,伦理是愿望的道德,法律应避免"伦理上的奢华"。

即便是从上文提到的德性伦理学来看,也不必以限制良心自由(比如要求赔礼道歉)来提升个人的品德。首先,以法律来培养人们的良心,强制人们如何思考、如何判断是做不到的。如同前文提到的"道之以政,齐之以刑,民免而无耻。道之以德,齐之以礼,有耻且格"。要培养人们的德性还是要靠激励、教育、引导,真正要做的是培养一个人的理性思考能力、判断能力,让他们自己作出判断,认识到某种行为的过错。

其次,即便说法律约束也有培养人们德性的作用,或者说对人们的良心

---

① 参见骆正言:《民法典时代宪法上的人格权保护》,清华大学出版社2020年版,第114页;另参见[日]高桥和之:《立宪主义与日本国宪法》,有斐阁2005年版,第107页。
② 参见张明楷:《刑法学(第四版)》,法律出版社2011年版,第68页。

进行强制,要求他们赔礼道歉,至少有抚慰名誉受损者的感情的作用,这么做也不是必要的。因为就像上面说到的,还存在许许多多其他更为有效的培养人们德性的方法,不一定非得用法律来强制。而抚慰名誉受损者的感情,也不一定非得要强制侵权者道歉,赔偿损失、停止侵害(颁发禁令禁止侵权人发表不当言论)、消除影响(改正或删除不当言论)也同样有效,甚至效果更好。比如法律上关于赔礼道歉的规定,如果被告不愿意主动赔礼道歉,法院可以要求报纸、杂志等公共媒体,代替被告刊登一份赔礼道歉的启事,由被告支付报纸、杂志的发行费用。① 这样的赔礼道歉不是出自被告的内心,更谈不上到教育人、抚慰人了,倒不如直接要求被告承担赔偿责任或改正、删除不当言论。②

最后,强制赔礼道歉更为严重的问题在于它可能会鼓励人们虚假陈述。因为很多时候被告并不是发自内心觉得自己做错了而赔礼道歉,而只是出于法律的要求而不得不赔礼道歉,这其实是鼓励了人们违背内心说谎话。即便在德性伦理学看来这种做法也是不对的。宋朝思想家程颢、程颐在解释《中庸》里的"诚"时说:"无妄之谓诚,不欺其次矣。"也就是说胁迫、欺骗之下订定的契约没有"诚",是可以违背的。现行立法也有相同的规定,不是出于内心真实意思表示的行为在法律上是可以撤销的。所以即便是为了提升人们的道德水平,也不应该鼓励人们违背内心意愿赔礼道歉。

总之,无论是从法律理论还是从伦理学说,从可行性还是从必要性来说,我们都不应该强制人们赔礼道歉。在名誉侵权的裁判中,法官应该尽量以其他法律责任(如停止侵害、恢复原状、消除影响等)来替代赔礼道歉。

---

① 《中华人民共和国民法典》第1000条规定:"行为人因侵害人格权承担消除影响、恢复名誉、赔礼道歉等民事责任的,应当与行为的具体方式和造成的影响范围相当。行为人拒不承担前款规定的民事责任的,人民法院可以采取在报刊、网络等媒体上发布公告或者公布生效裁判文书等方式执行,产生的费用由行为人负担。"

② 参见吴小兵:《赔礼道歉的合理性研究》,《清华法学》2010年第6期。

第三节 回应权制度(反驳权、答辩权)

除了赔礼道歉之外,确立回应权制度也是名誉侵权的重要救济方式。回应权制度就是赋予名誉受损者要求公共媒体(或者请求法院判决公共媒体)刊登反驳性的言论,以回应名誉侵权人的错误报道或侮辱性言论,从而达到恢复名誉的目的。

一、回应权的既有研究

关于回应权的内容及必要性,国内外已有很多研究。比如王利明教授指出:"所谓回应权,是指当有关报刊、网络等媒体披露、报道的信息包含直接涉及他人名誉的事实时,权利人有权请求该媒体及时采取合理的方式免费发布其针对相关事实的必要回应。"[①]再比如,五十岚清教授提出,回应权最早是法国法的做法,德国法也是有的。但英美法反对这种机制,日本法因为学习英美法,也比较抵制这种机制。[②] 美国学者爱德华·J.柯恩卡在《侵权法》中指出,如果有一项立法,要求媒体必须为名誉侵权案的原告刊登一份回应性言论,以反驳媒体发表的诽谤性言论,这样的立法是违宪的。[③]

关于该制度在我国法律制度上的体现,有学者认为最早出现在 1999 年国家新闻出版署《报刊刊载虚假、失实报道处理办法》第 3 条规定:"报纸、期刊刊载虚假、失实报道和纪实作品致使公民、法人或其他组织的合法权益受

---

① 参见王利明:《论人格权请求权与侵权损害赔偿请求权的分离》,《中国法学》2019 年第 1 期。
② 参见[日]五十岚清:《人格权法》,[日]铃木贤、葛敏译,北京大学出版社 2009 年版,第 212—217 页。
③ 参见[美]爱德华·J.柯恩卡:《侵权法(美国法精要·影印本)》,法律出版社 1999 年版,第 398 页。

到侵害的,当事人有权要求更正或答辩,有关出版单位应当在其出版的报纸、期刊上予以发表;拒绝发表的,当事人可以向人民法院提起诉讼",而《出版管理条例》第 27 条规定也具有回应权的特征。①

关于《民法典》是否规定了回应权制度,有学者认为没有规定,《民法典》第 1028 条规定的是一种更正权制度。② 该条款规定:"民事主体有证据证明报刊、网络等媒体报道的内容失实,侵害其名誉权的,有权请求该媒体及时采取更正或者删除等必要措施。"更正和删除是媒体一方采取的措施,受害人只需提出建议,不需要发表观点加以反驳,所以不同于回应权。

二、回应权比赔礼道歉更有利于公民的名誉权

以上研究都是有道理的,笔者认为以下几点需要进一步说明:

第一,回应权和更正权是不同的。回应权是名誉受损人发表反驳性的言论,与反驳权、反报道权、答辩权类似,但不同于更正权。更正权是媒体主动对已经发表的错误言论作出修改、删除、补充。二者权利的主体有区别。回应权制度和本书前面所说的对抗性言论有类似的地方,其功能都是希望向公众公布真实信息,以纠正错误信息,弥补已造成的名誉伤害。不过前面说的对抗性言论,是在实时讨论过程中实行的,而回应权行使人所发表的言论是在名誉受损之后作出的。

第二,回应权和赔礼道歉有重合之处。笔者认为,法国和德国之所以有而日本之所以没有回应权制度,应该是因为法国法和德国法的回应权制度就相当于日本法要求被告赔礼道歉,因为日本法中有了赔礼道歉,就不需要

---

① 《出版管理条例》第 27 条规定:"……报纸、期刊发表的作品内容不真实或者不公正,致使公民、法人或者其他组织的合法权益受到侵害的,当事人有权要求有关出版单位更正或者答辩,有关出版单位应当在其近期出版的报纸、期刊上予以发表;拒绝发表的,当事人可以向人民法院提起诉讼。"参见王占明:《论作为人格权救济之媒体回应权》,《私法研究》第 12 卷。

② 参见王利明:《论人格权请求权与侵权损害赔偿请求权的分离》,《中国法学》2019 年第 1 期。

反驳性言论制度了。我国《民法典》和其他民事立法之所以没有引入这一制度,应该也是觉得我们有了赔礼道歉这样一种机制。

第三,社会对回应权不够重视,也是因为我们对于公开讨论能够更快达到真理这一点并不怎么认同。但是真理越辩越明,只有让每个人都说出自己认识的真相,才能看清事情的全貌,才不会形成盲人摸象、一知半解的认识。我们必须靠说服、论证,才能更好地解决争议。允许说理是未来社会降低管理成本、提高管理效率的重要举措。因此,我国确立回应权制度是人格权保护的必然选择。

第四,回应权制度比赔礼道歉更有利于保护个人的名誉权。笔者前面说过,赔礼道歉在理论上存在矛盾,而回应权则不会。以回应权来配合精神损害赔偿,就可以达成更好地恢复名誉权的目的。此外,我们之所以应该引入回应权制度,还因为对错误言论的回应比单纯传播事实的言论,甚至比赔礼道歉更具有可读性,更具有吸引力。我们都知道耸人听闻的消息更容易传播,而真实信息则往往传得不是很远。因为谣言大多数带有某种危险性,会让人反应激烈。有人告诉你前方有危险,你当然会更加注意。所谓"好事不出门,坏事传千里"。

对谣言予以回应的言论,包括对谣言的分析和反驳,比仅仅说明事实的言论,更能吸引人眼球。如果我们能将这些事实说出来,将被告的错误一一揭露出来,这样的文章会传播得更快更广,这比一个名誉侵权的判决更有助于维护个人的名誉权。

所以在名誉权受损的案件中,权利人可以援引上述两项行政规章——《报刊刊载虚假、失实报道处理办法》和《出版管理条例》,要求公共媒体刊登原告的回应性言论,如果公共媒体不愿意,则可以通过诉讼由法院判决公共媒体刊登回应性的言论,或将媒体不愿意刊登回应性言论的事实,作为赔偿金额计算的依据。而上述两项规章的内容也可以上升为法律,作为回应权制度的法律基础。

第四节 禁令制度

在名誉侵权的救济方式中,禁令也是一项非常重要的措施,相当于民事诉讼中的临时禁令和民事责任中的停止侵害。一般来说权利受侵害之后,权利人可以采取停止侵害的方法获得救济,但有时候也可以在诉讼前通过颁发临时禁令的形式,停止侵害的发生,当人们发现有人准备犯罪时,就可以这样加以制止。不一定要等到伤害发生后才将犯罪人绳之以法。禁令就是这样一个制度,权利人得知媒体已经或将要刊发损害其名誉的内容,请求法院颁发禁止刊登的命令,使其名誉权不至于被损害。

一、禁令制度的源流

禁令制度是什么时候产生的呢？有学者认为,法国是最早在人格侵权案件中使用停止侵害,也即禁令制度的国家,20世纪初法国就已经开始实行这项制度。1970年法国《民法》第9条又新设了"可以责令采取一切措施以防止或制止对私生活内部的侵害"。德国法一开始也是在姓名权(1900年的《德国民法典》第12条)保护中实行了这项制度,后来通过判例认可了在其他人格权如名誉权、隐私权的保护中使用禁令,法律上称为"排除侵害"。

瑞士1907年的《民法典》第28条第1款(个人的人格关系受到违法侵害,可以请求排除侵害)虽然没有明确规定人格侵权发生之前可以采取措施预防侵权行为的发生,但是通过判例和学术上的努力,这一制度也慢慢地发展起来。而英国的禁令制度是在20世纪下半叶发展起来的,叫作"停止命令"。[①] 在英国法上,"如果在诽谤性言论发表之前,原告可以提供证据证明

---

① 参见[日]五十岚清:《人格权法》,[日]铃木贤、葛敏译,北京大学出版社2009年版,第205、206页。

该言论具备诽谤之诉的构成要件,那么,原告可以申请法院作出禁令,禁止被告发表该诽谤性言论"①。

至于美国的情况,有学者认为这种措施并不常见,法院的态度很消极。② 但也有学者认为,美国也有禁令制度,只不过名叫诉前禁令(preliminary injunction),相当于大陆法系临时禁令,也叫作假处分(einsweligeverfugung)。③ 在日本,禁令制度一开始是在物权保护中使用的,因为物权具有排他性,可以提出停止侵害的要求,后来该制度又在公害案件、环境保护案件中使用。受到美国的影响,日本在人格权保护中很少使用禁令措施,采取这一方式的判例主要有《北方月刊》案等。④《北方月刊》案的案情是:日本北海道旭川市原市长 Z 准备参加北海道知事的竞选,但就在此时《北方月刊》预定在未来刊登一份报道称 Z 是个"爱撒谎、装腔作势、狡猾"的人,是"言语的魔术师、兜售(政治上的)伪劣货色的江湖骗子"。Z 得知后向北海道札幌地方法院申请禁止该期杂志的制作、印刷和发行,申请得到法院的准许并被执行。《北方月刊》以上述申请及处分违法为由,向法院提起诉讼,要求赔偿利益损失等共计 2 025 万日元。本案一审、二审均判决驳回诉讼请求。为此,《北方月刊》以上述禁止期刊出版的禁令违反日本宪法关于禁止(对刊物)检查的条款为由,上诉至日本最高法院。日本最高法院判决一、二审法院判决合乎宪法,并列举了事先停止侵害请求权的条件:(1) 对杂志及其他出版物的印刷、制本、贩卖、发布等采取的事先停止行为,与行政机关以事先规制为目的而对出版物所进行的全面、一般的审查不同,是针对个别的私人间纷争,由司法裁判机关进行的、基于当事人的申请并就停止请求权等私法上被保全权利的存否、保全之必要等作出审理判断后采取的措施,并不是所谓的"检查"。(2) 名誉遭受违法侵害者,除可要求

---

① 参见王军、王轩:《英国法上的名誉权保护——以诽谤之诉为考察对象》,《法学杂志》2008 年第 2 期。
② 参见[日]五十岚清:《人格权法》,[日]铃木贤、葛敏译,北京大学出版社 2009 年版,第 205、206 页。
③ 参见孙彩虹:《我国诉前禁令制度:问题与展开》,《河北法学》2014 年第 8 期。
④ 参见[日]五十岚清:《人格权法》,[日]铃木贤、葛敏译,北京大学出版社 2009 年版,第 207、208 页。

损害赔偿及恢复名誉外,对于作为人格权的名誉权,出于排除现实进行的侵害行为或预防将来会发生的侵害的目的,应解释为还可以要求加害者停止侵害。(3)针对表达行为的事先抑制,必须按照保障表达自由、禁止(对刊物等)实行检查的宪法第 21 条的宗旨,本着严格而又明确的要件,方可容许。①

在《北方月刊》案之前也有两个著名的案件——"性爱＋虐杀"案和"宴会之后"案,当事人要求法院判决停止侵害,但未获认可。"性爱＋虐杀"案的案情是某电影公司将某政治活动家年轻时的恋爱经历搬上荧幕,政治活动家以电影侵犯其个人隐私为由,要求法院颁发禁令禁止电影上映,但未获法院认可。"宴会之后"的案情是某人得知自己的私生活被写成小说,向法院申请临时禁令禁止该书出版上市,也未获许可。②

在这之后法院认可临时禁令的案件还有两个,一个是某出版社未获许可准备出版某女演员的裸体照片,女演员申请法院颁发禁令,要求出版社停止侵害;另一个案件是某出版社在出版某小说的过程中,未按小说作者的意见修改小说,小说作者申请法院颁发禁令,禁止小说的出版。③

二、禁令制度的正当性问题

禁令和其他人格权保护制度一样,也有学者质疑它们的正当性。其原因主要是禁令有可能过分限制言论的自由,特别是在一项言论没有公布之前就对它进行限制,必要性很成问题。尤其是由国家出面禁止这一言论的发布,有人认为是非常危险的。在美国,学术界和实务界多数意见认为,一项言论只有大概率立刻会造成严重危险的时候,才能在言论未发表之前就加以禁止,这就是美国最高法院 1917 年的"申克诉合众国"案(Schenck v.

---

① 参见姚辉:《关于人格权的两个日本判例》,《人大法律评论》2001 年第 1 期。
② 参见[日]五十岚清:《人格权法》,[日]铃木贤、葛敏译,北京大学出版社 2009 年版,第 155、156 页。
③ 参见[日]五十岚清:《人格权法》,[日]铃木贤、葛敏译,北京大学出版社 2009 年版,第 208 页。

United States)中创造的"明显和即刻的危险"原则(Clear and Present Danger),而一般的言论则应该允许它发表,然后再运用对抗性言论(more speech)(见前述"对抗性言论"抗辩)将其不利影响抵消。①

鉴于这一原因,对于诽谤性的言论,美国法官认为,即便有危害性,但也很难达到立刻会产生严重危险的程度,所以美国法院很少会针对诽谤性言论颁发禁令,只有存在非常明显的诽谤时,法官才会作出这一决定。②

除了国外学者的质疑,国内也有学者对这项制度提出反思,如黄明涛教授根据我国《宪法》规定的舆论监督权,认为公民的个人名誉在舆论监督面前应有所限制。

三、禁令的颁发条件

为了照顾言论的自由(舆论监督权),我们可以对禁令设置严格的限制条件,而不是完全禁止禁令颁布。总体上看,禁令很少在法律条文中有明确的规定,除了瑞士的1983年修改《民法典》时有一些规定之外,大多数国家都是通过判例发展禁令制度的。关于禁令的颁发条件,一般有以下几种不同的形式:③

第一种是从危害后果的角度来考察是否颁发禁令。前文在介绍美国法上的禁令时,已经说到存在"明显而即刻的危险"时,法院才启动事前禁令。日本法院在"性爱+虐杀"案件中,也提出"仅限于权利侵害具有高度的违法性时,才应该认可停止侵害的请求"。

第二种是从利弊得失来考察是否颁发禁令。比如孙彩虹教授提出的方法就是利益衡量,孙教授的意思是法院应该对启动禁令和不启动禁令哪种

---

① 参见徐东:《司法视野中言论自由的边界——兼评两高〈关于办理利用信息网络实施诽谤等刑事案件适用法律若干问题的解释〉》,《法律适用》2014年第5期。

② 参见展江、王锦东:《法院为何对媒体下达报道禁令——360公司诉名誉侵权案解读之一》,《新闻界》2016年第19期。

③ 参见[日]五十岚清:《人格权法》,[日]铃木贤、葛敏译,北京大学出版社2009年版,第208、209页。

做法损失更大进行衡量。再比如日本法院在"性爱＋虐杀"案件中,也提出了利益衡量的方法:"应该将如果受害人不采取排除或预防侵害的措施所遭受的损害及不利的状态、程度,与侵害者由于上述措施的使用受到自由的限制而承受的不利进行衡量比较,来加以判断。"

第三种是更具体一点,从几个要件入手来判断是否颁发事前禁令。对于事前禁令,我国《民法典》第997条规定:"民事主体有证据证明行为人正在实施或者即将实施侵害其人格权的违法行为,不及时制止将使其合法权益受到难以弥补的损害的,有权依法向人民法院申请采取责令行为人停止有关行为的措施。"按此规定,人格侵权的事前禁令的颁发条件有:(1) 必须是正在实施或者即将实施的行为;(2) 权利人有证据证明的行为;(3) 行为具有违法性;(4) 不及时制止将造成损害的后果;(5) 损害的后果是难以弥补的。

而日本法院在"性爱＋虐杀"案中总结出来的原则是三要件说:(1) 不包含关系到公共利益的事实;(2) 被揭示的事实缺乏真实性;(3) 名誉毁损、侵害隐私的行为存在故意或者实际恶意。后期在《北方月刊》案中,日本最高法院又提出一个更加明确的要求:"尤其是当对象是公务员或公职选举的候选人,对其进行评价或批评的时候……应该说原则上不允许对该行为进行事前禁止。只是……当其表达的内容不真实或可以明显看出完全不以公益为目的的时候,且受害人由此可能蒙受无法挽回的重大损失时……允许例外的事前禁止。"

如果将上述两类具体要件综合一下,可以总结出以下几个方面:(1) 发布的信息与公共利益无关;(2) 发表的信息不真实;(3) 发布人存在实质恶意,也就是说,故意发布虚假信息,或者对事件的真假抱着毫不在意的心理;(4) 有严重损害的可能;(5) 损害无法挽回,不能通过赔礼道歉或者赔偿损失补偿。

四、我国事前禁令制度的建立

学界一般认为《民事诉讼法》第103条是我国民事立法上的事前禁令:

"人民法院对于可能因当事人一方的行为或者其他原因,使判决难以执行或者造成当事人其他损害的案件,根据对方当事人的申请,可以裁定对其财产进行保全、责令其作出一定行为或者禁止其作出一定行为;当事人没有提出申请的,人民法院在必要时也可以裁定采取保全措施。"但王利明教授认为,民事诉讼法上的这项制度不能替代人格权侵权中的禁令制度,相反《民法典》第997条则是真正在实体法层面规定了这一制度。①

对于以上的一些问题,笔者自己还有几点不成熟的意见与王利明教授有所不同。

一是禁令其实可以分为两种,一种是诉前的禁令,一种是诉后的禁令,二者都是停止侵害的方式,不必非要像王教授那样强制分开,日本法上这两种制度就是放在一起讨论的。前者是诉讼法上的保全制度,后者是名誉侵权的责任制度,二者需要经过裁判最后得出判决结论。比如德国宪法上的著名案例"雷巴哈案",一名即将出狱的罪犯,要求法院禁止电视台播出他入狱前犯下的罪行,认为这不利于他回归社会重新做人,法院经过审判,认定该言论侵犯他人名誉和隐私,所以不能公布,于是判决禁止电视台播出这则报道。这个案件就是法院经过判决颁发事前禁令的。

但有时候不经过审判就可以决定是否颁发事前禁令,它是民事诉讼法上的一项制度,和刑事诉讼法上的逮捕、拘留等强制措施是一样的,是为了确保判决的执行而采取的临时措施。在民事诉讼法上这些保全措施还需要担保,以防止案件经过法院判决被认定没有损害他人名誉,到时候可以用担保费赔偿被告的损失。

二是关于事前禁令的正当性。《民法典》的事前禁令制度(第997条)在条件设置上强调了两点:一是侵权行为正在或者即将实施;二是不及时制止将会受到难以弥补的损害。对此笔者认为,我们可以借鉴日本法上,在决定是否颁发事前禁令时增加两个条件:一是该事件不关系公共利益;二是当事人存在实质恶意,故意捏造事实或者对事件的真假毫不在意。

禁令的颁发虽然不一定都要经过法院审判,但要听取被告的意见,才能最大限度确保禁令的公正性。特别是不能将这种禁令交由某些行政机关或

---

① 王利明:《论侵害人格权禁令的适用》,《人民司法》2020年第28期。

者某些"删帖"机构(专门为名誉受影响的公司和个人删除针对自己的不恰当的言论)来实施,因为不经过公开的讨论,双方无法交流,容易导致意见偏颇、决定不公、过度限制言论。

三是如果我们为了防止学术批评侵害死者的名誉权,笔者认为不应该采用事前禁令的形式。如上所述,如果一个人已经过世多年,他们的名誉保护需求显然要比在世者或者过世时间不长的人要低,其保护力度也应该有所降低。这时候学术自由应该优先受到保护。这就是笔者对于禁令的思考。

第五节 更正和删除的义务(恢复原状)

在名誉侵权的法律责任中,要求公共媒体更正错误的言论,也是一个重要的制度,相当于民事责任中的恢复原状,因为权利人有权要求侵权人作出更正和删除措施,就意味着他有权向法院起诉,要求法院判决侵权人更正和删除不实言论。我国《报刊刊载虚假、失实报道处理办法》第3条和《出版管理条例》第27条,都规定了报纸、期刊刊载虚假、失实报道或发表不公正的评论,致使公民、法人或其他组织的合法权益受到损害的,当事人有权要求更正,上述出版单位拒绝更正的,当事人可以向人民法院提起诉讼。对于网络环境的名誉侵权,2006年的《信息网络传播权保护条例》规定了网络服务商删除不当言论的责任,该制度在2009年《侵权责任法》得到了进一步的体现。[①] 我国《民法典》更是将这一制度上升到法典的层面。《民法典》第1028条也有规定:"民事主体有证据证明报刊、网络等媒体报道的内容失实,侵害其名誉权的,有权请求该媒体及时采取更正或者删除等必要措施。"更具体的规定是《民法典》第1195条:"网络用户利用网络服务实施侵权行为的,权利人有权通知网络服务提供者采取删除、屏蔽、断开链接等必要措施。通知

---

① 参见杨立新:《人格权编草案二审稿的最新进展及存在的问题》,《河南社会科学》2020年第4期。

应当包括构成侵权的初步证据及权利人的真实身份信息。网络服务提供者接到通知后,应当及时将该通知转送相关网络用户,并根据构成侵权的初步证据和服务类型采取必要措施;未及时采取必要措施的,对损害的扩大部分与该网络用户承担连带责任。权利人因错误通知造成网络用户或者网络服务提供者损害的,应当承担侵权责任。法律另有规定的,依照其规定。"不过这里的删除、屏蔽、断开链接等措施又近似于前面说的停止侵害,而不完全是恢复原状了。

学术界对该制度一般都秉持赞成的态度,认为法院有权判决媒体更正和删除错误报道。比如日本法上对于错误报道,法院可以判决侵权人恢复原状。恢复原状包括要求媒体一方刊登"取消广告"(撤回错误言论或纠正错误言论)、"判决要旨广告"(将判决内容刊登出来以恢复名誉)。在德国,虽然法律上不认可赔礼道歉的责任,却支持更正和删除错误报道的责任。① 而在美国,对于报纸、电视等媒体的侵权,法院不要求媒体主动撤回(retraction),但媒体撤回错误言论的,可以减轻损害赔偿责任。② 而对于网络侵权,1998年美国《数字千年版权法案》(DMCA)也规定"通知-删除"制度,也即网络服务商有义务删除不合事实的言论。③ 英国法上也有对于名誉侵权的更正报道责任,在英国法上这种制度被称为"命令性强制令","依此,当事人被许可去强制被告履行某些行为,比如,减少侵扰"④。

我国学者对更正和删除措施的评价也很高,并认为它们属于人格权的请求权,而不是人格权的救济权,也就是说,"权利人在请求更正和删除时,并不需要通过诉讼的方式行使,也不需要证明行为人具有过错和损害"⑤。"无须证明媒体已构成侵权,更不需要证明其行为应当承担侵权责任,而仅需证明有关报道内容失实,体现了人格权请求权契合人格权保护预防性的

---

① 参见[日]五十岚清:《人格权法》,[日]铃木贤、葛敏译,北京大学出版社2009年版,第196—198页。
② 参见[美]爱德华·J.柯恩卡:《侵权法(美国法精要·影印本)》,法律出版社1999年版,第398页。
③ 参见郑宁:《民法典对传媒行业的影响及应对》,《中国出版》2020年第17期。
④ 参见徐爱国:《英美侵权行为法》,法律出版社1999年版,第291页。
⑤ 参见王利明:《民法典人格权编的亮点与创新》,《中国法学》2020年第4期。

特点。"①

但是也有学者主张,强制被告作出更正和删除的行为,和强制被告赔礼道歉一样,都有不合宪的嫌疑。② 在日本法上,要求侵权人主动作出更正或删除行为,和要求侵权人赔礼道歉都属于恢复原状的救济行为。另一些学者对这些救济措施的效果表示怀疑,认为:"不仅效力低,不足以产生威慑力,而且现实中很少看到新闻媒体单位因虚假信息报道而被行政处罚的实例。经在国家新闻出版署官网上查询得知,自2013年5月至2016年11月三年多的时间里,国家新闻出版署一共通报了11例关于新闻媒体发布虚假事实报道的处理情况,但2016年12月至今,并没有看到类似处罚通报。"③

怎么看待这个问题呢? 笔者认为,更正和删除两种侵权责任在很多国家(比如美国、日本)都受到限制,即使那些存在更正和删除责任的国家,它们也主要将其视为侵权责任的一种,而不是诉讼前的保全措施,更不要求提供担保。所以在笔者看来,我国法院对待侵权言论应该尽量少在诉前保全程序中发布更正和删除决定,更不能直接由互联网信息管理部门删除不当言论。网络服务提供者也只有在言论明显、严重侵犯他人名誉、造成公共危险时,才能删除网络用户的言论,否则要承担人格侵权责任。

这么做的理由,如前文所说的,是对言论自由表达的尊重,对人类终极价值的关怀,包括人格的发展、真理的发现、意见的交流、对各种政治或社会活动的监督。总之,强迫他人如何表达思想,不但在法理上存在问题,在可行性上也有很大缺陷。因此从法律上要求他人更正自己的言论,或者删除自己的言论,在适当性和必要性上存在疑问。

---

① 参见张红:《〈民法典(人格权编)〉一般规定的体系构建》,《武汉大学学报(哲学社会科学版)》2020年第5期。

② 参见[日]五十岚清:《人格权法》,[日]铃木贤、葛敏译,北京大学出版社2009年版,第196—198页。

③ 参见陈文:《论重大灾害事件中的网络谣言传播及法律应对——以新型冠状病毒肺炎疫情为例》,《北方法学》2020年第5期。

结　语

至此,本书的主要内容就写完了。本书针对学术批评侵犯他人名誉权的案件,回顾和总结了名誉权保护的目的、范围和对象,以及学术研究的价值及其作为名誉权抗辩事由的情况,也谈了名誉侵权的其他许多抗辩事由;然后分析了学术研究和名誉权冲突时如何做好利益衡量,有哪些重要的原则需要考虑;最后还对名誉侵权的救济方式做了自己的反思。

我还要对本书开头提及的一个案例做一个分析。在"范某某诉郭某某名誉侵权案"中,文艺评论家郭某某发表文章,批评画家范某某"流水线"作画,"才能平平""逞能""炫才露己""虚伪""装腔作势"。在诉讼中,双方对"流水线作画"等事实问题争议不大,主要争议点在于"虚伪""装腔作势"等词语是否侵犯原告的人格尊严,构成名誉侵权。

法院判决认为,文艺批评谴责艺术界存在的一些弊端,呼吁"艺术家把主要精力放到作品创造中",倡导真诚负责任的艺术精神值得肯定,但评论者在涉及对作者的评价时,应把握善意、理性、客观的原则,不可借评价之名,贬损、侮辱作者人格。郭某某文中使用"逞能""炫才露己""虚伪"等语言,已超出了合理的限度。

对此,笔者认为评价的用词,虽然有一定的谴责在其中,但并不存在严重的人格侮辱,没有将他人贬低到非人的层次,不是对一个人最基本的人格尊严的贬低,也可以说是对事的,而不是对人的。因为他说的是整个学术界,对行为人的行为方式、能力水平等问题的评论,并没有达到损害他人人格尊严或者名誉感的程度,不能算是名誉侵权。这是笔者的结论。

在本书的写作中,笔者形成了以下一些心得,在这里稍作介绍。

第一个心得是,一般人认为法治的发展是思想家思考的结果,但是经过对许多国家名誉权法的研究,笔者觉得实际上许多国家的法治发展,是通过各个国家不同的法治实践摸索出来的。举个例子,许多国家都看到学术研究对科学技术发展、社会经济发展的促进作用,许多科学家改变了物理世界,许多社会科学领域的专家,改善了社会的治理方式。于是,各国就对学术自由给予了充分的尊重。也有一些国家对名誉权和人格尊严的保护不周,导致人们由于侮辱、诽谤而蒙受巨大的心理伤害,这些国家也因此加强了名誉权保护的力度。

第二个心得是,一般人认为保护一个人的名誉和保护学术的自由一样,体现的都是对一个人的尊严和权利的尊重,但是从社会学、心理学的角度看,对个人名誉的保护,也是每个个体人格健康发展、社会紧密合作的前提。保护个人的名誉意味着不伤害他人的感情,尊重他人自我建构的形象,这么做有助于培养个人积极向上的性格,也能消除人们自卑、抑郁的心理。因为每个人都有按照自己的意愿自由设计自己人生的需求,如果一个人生活在他人的阴影中,在他人的控制之下,那他就会丧失生活的意义,滋生消极的情绪,这不但不利于个人的发展,也不利于社会的稳定。此外,承认一个人自我建构的形象,比如一个诚实守信的人的形象,也是社会合作的基础。如果我们不信任这个人对自己的角色设定,始终想着揭露他人的不诚实,我们也就无法和他合作,更不可能在更大的范围内达成更大的目标。人无完人,每个人都可能有毛病,如果我们吹毛求疵,求全责备,整个社会就无法正常地运转。总之,对他人名誉的尊重,不但关系到个人的健康发展,也和社会的紧密合作息息相关。

第三个心得是,作为人格权的名誉权,在与其他权利如学术研究自由发生冲突时,我们往往要进行利益衡量,也就是说不能直接从法律规范推导出判决结论,需要对双方利益的大小进行衡量。比如骂人到底合不合法并没有一个确定的规则,还需要具体情况具体对待,有时候不伤害尊严的"骂"可能只是一种善意的玩笑。

谈到利益衡量,学术界通常有一个认识,认为它太过抽象,太过笼统。其实许多法学家,如德国的阿列克西早已经提出一些可操作性的原则和方法,大大降低了利益衡量的难度。阿列克西指出,利益衡量的总原则是"相互冲突的两项权利中,一项越重要,另一项就越该受到限制"。举例来说,A

的基本尊严快要受到威胁时，B 的学术研究的自由就越应该受到限制。而反过来，当学术自由被挤压到近似于无的时候，人格尊严、个人名誉就需要稍稍让步了。总之，双方必须均衡发展，既不能让一方过度膨胀，也不能让一方完全丧失，尽量旗鼓相当才好。

谈到利益衡量，另一个重要的原则——比例原则也非常重要，特别是比例原则中的必要性原则。前文已有许多介绍，该原则给笔者的启示是，它实现了管理上的精细化目标。笔者的意思是，必要性原则要求在管理中，去除那些不必要的、严厉的管理手段，既能提高管理效率，也能降低伤害程度，是值得每个管理者铭记在心的。

在利益衡量的具体方法上，除了前面说到的衡量学术自由和名誉权冲突时，特别是在判断言论发表者对事实的真实性是否履行了"合理审查义务"时，所得出来的六大原则，有没有其他信息来源可以得到更为准确的事实？有没有进行必要的核实？被告的核实能力如何？有没有向原告征求意见？有没有从原告方面考虑过问题？语气方面是否应该更加和缓，不那么偏激？言论发表的时间等情况如何……也是很有价值的做事方法。我们能够从中看到那些公平正直的裁判者。希望每个发言者能常常检查自己的言论，注意自己的举动。法律人应该有这样的高度，其他行业中的每个人也都该如此，也许难以做到，但所谓"高山仰止，景行行止"！

后　记

　　这是我独立撰写的第二本书,写作期间得到了许多人的帮助,在此表示感谢。

　　首先要感谢的是我的妻子和女儿。我的妻子和女儿,在我孤单的人生中,给了我极大的慰藉。我的妻子是南京一所本科院校的教师,她不但在女儿的教育、家庭的照顾上,倾注了大量的时间,而且也没有荒废自己的工作,屡屡在核心期刊发表论文。我的女儿虽然还在小学,但有极强的进取心、坚强的意志力,不但在学习上不怕辛苦,精益求精,而且在运动上也敢于面对挑战,不畏艰苦。

　　我的博士导师林来梵教授在我读书期间给我的勉励,我一直铭刻在心。他认为我读书用功、知识面广;他鼓励我多多练习表达,学习写作,锤炼文字。我在学术之路上步履维艰,但初心不改,老师的鼓励是我前进路上最重要的动力。另外本书的出版也要感谢编辑老师,编辑老师在审稿过程中帮我多次校订稿件,提出许多建议。

　　我记着老师的教诲,不忘自己的责任。古人早就说过"铅刀贵一割,梦想骋良图"。希望本书能为学术界对此话题的研究提供一星一点的启示。

骆正言
2021 年 12 月于南京河西